JN436804

봄은 비바람과 함께
흙먼지 날리며 온다

봄은 비바람과 함께 흙먼지 날리며 온다

초판 1쇄 인쇄 2009년 05월 18일
초판 1쇄 발행 2009년 05월 25일

지은이 | 최일화
펴낸이 | 손형국
펴낸곳 | (주)에세이퍼블리싱
출판등록 | 2004. 12. 1(제315-2008-022호)
주소 | 157-857 서울특별시 강서구 방화3동 822-1 화이트하우스 2층
홈페이지 | www.essay.co.kr
전화번호 | (02)3159-9638~40
팩스 | (02)3159-9637

ISBN 978-89-6023-237-2 03810

봄은 비바람과 함께 흙먼지 날리며 온다

시를 사랑하며 시에 정진했던 교사의 수필 예찬론!

최일화 지음

ESSAY

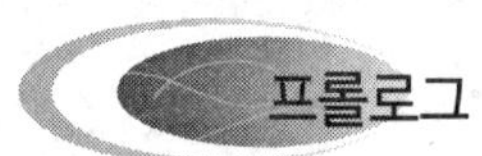

나를 찾아가는 오솔길

원고를 다 정리해 놓고 어떻게 제목을 정해야 할 지 고심했다. 수필의 제목 중에 책 제목으로 쓸 것이 있나 살펴보았지만 아무리 봐도 없다. 책의 내용이 좀 부족하더라도 제목만은 좀 좋게 붙여보고 싶었다. 그러다가 가까스로 수필의 한 대목이 떠올랐다. 수필 '다시 봄을 기다리며' 의 다음 구절이다.

"그러나 이 모든 상상이 상당부분 환상임을 알아차리기엔 그리 오랜 시간이 걸리지 않는다. 봄은 꽃소식으로부터 오지만 또 꽃샘추위와 더불어 오기 때문이다. 봄은 부드러운 남풍, 설레는 마음과 함께 오지만 또 세찬 황사바람과 진흙길, 며칠씩 계속되는 짓궂은 비바람과 함께 오기 때문이다. 계절은 벌써 봄으로 접어든 지 오래지만 내가 그리던 봄은 아직 그 모습을 드러내지 않고 있다."

이 구절에서 인용하여 '봄은 비바람과 함께 흙먼지 날리며 온다' 로 하니 제목으로 어울릴 것 같았다. 어쩌면 촌스럽기도 하고 아날로그 냄새가 나는 이름이지만 내 수필의 경향과 일맥상통한다는 생각에 그냥 두 번째 수필집의 제목으로 결정했다.

나는 근래 이삼 년 동안 수필의 매력에 푹 빠졌다. 왜 진작 수필에 정진하지 않았나 후회도 했다. 30대 중반부터 글을 쓰기 시작해 20년이 넘도록 오로지 시 창작에만 몰두했다. 그러나 나의 시는 항상 외면당하기 일쑤였다. 평자들도 독자들도 눈여겨 봐주지 않았다. 내게 타고난 시재가 부족한 것이 아닌가 회의하면서도 오로지 그 작업에만 매달렸다.

종종 내 시에 내 스스로 흡족해 하곤 했지만 독자나 평자의 눈엔 아마추어 수준에 불과했던 모양이다. 내가 장르 선택을 잘못한 것이 아닌가 생각해보기도 했다. 일찍 수필 쓰기를 시작했더라면 좀 더 나은 성과를 내지 않았을까 혼자 생각해 보기도 한다.

시도 수필도 중요한 것은 진정성이다. 인생을 대하는 태도가 고스란히 글에 나타날 것이기 때문이다. 시 쓰기를 포기하겠다는 것은 절대 아니다. 남들이 알아주지 않아도 내 인생의 귀한 표현 수단인 시를 어떻게 포기할 수 있겠는가. 이제 시를 쓰는 한편 수필 작업도 병행하여 문학의 폭을 넓혀가고 싶은 것이다.

돈이 들어오는 일도 아니요, 권력이나 명예를 안겨주는 일도 아닌 글쓰기를 계속하고 있다. 그것이 나를 찾아가는 오솔길이요 어두운 밤길을 비춰주는 등불이기 때문이다.

나는 독자를 먼저 의식하고 글을 쓰지 않는다. 오직 나 자신에 충실하기 위해 글을 쓴다. 이런 나의 글에 공감하는 독자가 있다면 그것은 행복한 일이다. 내가 다른 이의 글을 읽고 기쁘고 행복하듯이 나를 이해하고 공감하는 독자가 있을 거라는 희망으로 나는 글을 쓴다. 글 하나 쓰고 작품집 하나 내는 것이 내가 걸어간 길에 이정표 하나 세운다는 마음으로 쓰고 있다.

이 책은 인천시 남동구로부터 문화예술진흥기금을 일부 지원받아 제작되었다. 이 고마움을 어떻게 표현해야 할지 모르겠다. 시민들에게 좋은 자양분이 되고 마음의 기쁨과 평화를 가져다 줄 글쓰기를 통해 보답하고 싶다.

바쁜 일정에도 꼼꼼하게 원고를 검토하여 과분하게 평을 하여주신 수필가 한상렬선생님께 고마움을 전하고 벌써 세 번째나 책을 제작하여 주신 (주)에세이퍼블리싱의 관계자 여러분께도 고마움을 전한다.

2009년 4월 25일

인천 만수동에서 최일화

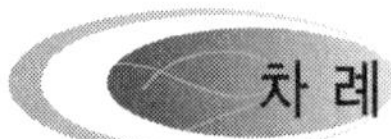

차 례

제3부 세모만필

제4부 교육은 예술이다

제5부 미국 시인들의 어머니 사랑

제1부

다시 봄을 기다리며

3월

풀밭에서 보낸 한철

봄눈

다시 봄을 기다리며

막내딸

4월

칼국수 맛

버스를 타고 가며

3월

만물이 소생하는 봄이 왔다. 점점 짧아지던 낮의 길이가 동지가 지나면서 일 분씩 일 분씩 일 분 정도씩 길어지면서 어느새 한 시간도 더 길어졌다. 지난 가을 낙엽을 떨어뜨리던 나무들은 긴 겨울잠에서 깨어나 다시 열심히 수액을 빨아올리며 싹 틔울 준비에 여념이 없다. 작년 가을 강남으로 떠났던 제비들은 지금쯤 먼 남쪽 피난살이를 끝내고 다시 고향 길에 오를 기대에 부풀어 있을 것이다.

농사를 천직으로 하는 농부들은 또 한 해의 풍년을 기원하며 두엄을 내고 땅을 갈아엎으며 논밭에서 하루해를 넘길 것이다. 모든 생명체가 소생하는 생명의 봄이 바야흐로 우리들의 정원에도 당도하였다. 지팡이만 꽂아도 싹이 돋는다는 이 약동하는 계절, 삼천리 방방곡곡 등교길은 지금 온통 새 학년을 맞은 학동들의 행렬로 가득할 것이다.

새 학교 새 학년으로 올라간 아이들에게서 진동하는 푸른 내음, 푸른 희망. 꿈과 희망으로 가득한 저 아이들에게 우리는 우리의 미래를 송두리째 맡기자. 평화로운 조국, 행복한 조국, 정의로운 조국을 송두리째 맡기자. 대립과 갈등을 해소하고 부정과 부패를 추방하고 용서와 화해와 사랑의 조국을 송두리째 맡기자.

졸졸거리는 시냇물소리와 함께 새 봄이 온다. 터질 듯한 꽃봉오리와 함께 3월은 온다. 온갖 새들의 노래 소리, 벌 나비의 날갯짓과 함께 새 봄은 온다. 새 책과 새 공책, 새 친구와 함께 3월은 온다. 학생들의 초롱초롱한 눈망울, 선생님의 따뜻한 사랑과 함께 3월은 온다. 모든 꿈은 풍성한 수확으로 영글어 갈 것이다. 농부들의 꿈도 학생들의 꿈도 싱그럽게 영글어갈 것이다.

그러나 명심하자. 저 희망에 가득 찬 봄도 준비하는 자의 몫이다. 준비하지 않는 자에겐 좋은 기회가 찾아와도 놓쳐버리고 만다. 친구를 사귀려면 친구를 사귈 준비를 해야 하고 사랑을 하려면 사랑할 수 있도록 마음의 준비를 해야 한다. 영어공부를 시작하려면 영어 공부할 마음의 준비를 갖추어야 한다. 수학 공부를 시작하려면 수학 공부할 마음의 준비가 필요하다.

등산 가는 사람이 아무런 준비도 하지 않고 등산을 갈 수 있는가? 이런 것을 '준비성(Readiness)' 이라고 한다. 준비성을 갖추고 있어야 상황을 올바로 판단할 수 있고 그 상황에 현명하게 대처할 수 있다. 입학식이 거행되고 새 학기가 시작되었다. 학생들은 배움을 위한 준비를 해야 하고, 선생님들은 가르칠 준비를 해야 한다.

작년보다 새롭게 한 단계 향상된 교수법으로 가르칠 준비를 해야 한다. 매너리즘에 빠져 작년의 과정을 그대로 밟아나가서는 안 된다. 예절교육도 인격교육도 전공 교과교육도 한 단계 향상된 방법으로 지도할 준비를 해야 한다. 준비성이 갖추어져 있지 않을 때 시간 때우기 식 졸속 수업이 되고 교직에 대해 회의가 생기기 쉽다. 선생님들도 학생들도 마음의 준비를 새롭게 하고 희망찬 3월을 맞이하자.

풀밭에서 보낸 한철

두세 권 책을 챙겨들고 집을 나선다. 목적지는 아직 정해지지 않았다. 그냥 차의 시동을 걸고 출발하여 그린벨트 지역으로 들어서면 어딘가 텐트 하나 칠만한 풀밭 한 군데쯤은 눈에 띄게 마련이다. 마른 갯벌공원 갯고랑 옆 한 쪽이거나, 저수지 둑 어디쯤이거나 삼인용 텐트 하나 칠 장소는 있게 마련이다. 사방은 사뭇 신록으로 우거져 있고 바라다 보이는 곳마다 풀밭이요, 물이요, 푸른 하늘이다.

지난해 초가을 나는 삼인용 텐트를 할부로 구입했다. 옛날 텐트와는 비교할 수 없을 만큼 간편하고, 색상도 디자인도 고급스러운 텐트를 차 트렁크에 실었다. 말하자면 이동 별장이요, 이동 서재로 활용할 셈이었다. 어느 때 어느 곳이건 설치하는데 5분이면 족하고 하늘빛과 풀빛이 적절하게 어우러진 색상이 마음에 쏙 들었다. 나는 이 텐트를 4월부터 10월까지 차에 싣고 다니며 시간이 날 적마다 자연 속에 쳐놓고 별장 혹은 서재 삼아 독서와 글쓰기를 하고 있다.

나는 농촌에서 낳고 자랐다. 도시적인 것보다는 농촌적인 것이 익숙하고 정이 간다. 인공적인 화려함보다는 자연적인 소박함에 항상 마음이 끌린다. 복잡한 도회지 거리보다는 한가한 시골 풍경이 마음을 편안하게 한다. 그렇다고 내 성격이 괴팍하여 사람을 멀리하고 교유하기를 꺼려하는 것은 아니다. 다만 토요일이나 일요일 저 자연 속에 동화되어 피로한 심신을 회복하고 생각을 정리하여 글로 옮기고 싶었던 것이다.

나는 푹신하고 두툼한 돗자리도 하나 마련하고 대나무 목침도 하나 준비했다. 책을 읽다가 졸리면 한가하게 낮잠도 한숨 자려는 것이다. 지난 4월부터 틈만 나면 나는 들녘 풀밭이거나 갯벌공원 혹은 저수지 둑에 텐트를 치고 독서를 하고 글을 쓰고 있다. 벌써 나는 여러 권의 책을 이 자연친화적 서재에서 읽었다. 집이나 도서관보다 독서의 능률이 더 오르는 것 같다.

지난봄부터 여름까지 야외 서재에서 읽은 책 중에 청마의 서간집 두 권이 있다. 하나는 여류시인 이영도 여사에게 20여 년간 보낸 서간집 '사랑했으므로 행복하였네라' 이고 또 하나는 여류시인 반희정 여사에게 보낸 서간집이다. 모두 옛날에 읽은 적이 있는데 다시 한 번 읽고 싶어 인터넷 중고서점을 검색하여 구입한 책들이다. 청마의 인간적 면모가 그대로 나타나있는 이 서간집은 내게 다시 한 번 진정한 사랑의 의미를 깨우쳐주었을 뿐 아니라 그의 문학을 이해하는데도 큰 도움이 되었다.

스탕달의 '연애론' 과 보나르의 '우정론' 도 이 텐트에서 다시 읽었다. 수필가 이양하, 영문학자 양주동, 박목월 시인 등 옛 시인 작가들의 수필집을 읽으며 현대 인터넷 시대의 문장과는 달리 긴 호흡이 느껴지는 아날로그 시대의 문장에 깊은 향수를 느끼기도 했다.

옛 책들을 다시 구입해 읽는 것이 여간 재미있고 유익한 게 아니었다. 특히 연세대 철학교수를 역임한 김형석 교수의 '영원과 사랑의 대화' 는 중학교 3학년 때 담임선생님으로부터 선물로 받은 책이다. 나는 열여섯 살 중학교 3학년 말에 이 책을 읽고 깊은 감동을 받은 것이 엊그제 일 같다. 특히 책 말미에 부록으로 수록된 한 신학생의 일기는 평생 잊을 수 없는 뭉클한 감동을 안겨주었다.

천주교 사제가 되기로 한 한 신학생이 외국으로 유학을 가면서 저자 김형석 교수에게 일기장 하나를 맡겼다고 한다. 어차피 버리려고 하다가 자기 손으로 버리지 못했으니 교수님께서 읽어보고 임의로 처분해 주십사 하는 부탁과 함께 건네받은 일기장이라는 설명이 붙어 있었다.

그런데 그 일기장 내용이 너무 감격스러워 차마 버리지 못하고 책의 말미에 부록으로 실어 세상에 소개하게 되었다는 저자의 부연 설명도 있었다.

간단히 요약하면 결혼을 포기하고 천주교 사제가 되기로 한 젊은이가 영원에 대한 그리움과 한 여인에 대한 사랑 사이의 갈등을 기록한 가슴 뭉클한 사연이 담긴 일기였다. 이 감동을 다시 맛보기 위해 나는 10여 년 전에도 같은 책을 다시 구입해 읽었는데 그 책을 잃어버리고 이번에 또 구입해서 읽었던 것이다. 내 연륜 탓인가. 중학교 3학년 때의 그 감동에는 미치지 못하지만 여전히 가슴을 울리며 감동으로 다가왔다.

이렇게 나는 지난 여름방학을 들판 나무 그늘에, 혹은 저수지 둑에 텐트를 치고 독서와 글쓰기로 많은 시간을 보냈다. 장차 시집에 수록할 만한 작품도 몇 편 얻었다. 한 편 소개하겠다. 비교적 최근에 쓴 것으로 10월 중순 텐트에서 독서를 하다가 떠올라 적은 것이다.

잠자리는 나하고 동무하고 싶은가보다
시월이 와도 여전 내 곁에 와 날고 있다
어느 늦가을 아침 서리를 하얗게 뒤집어쓰고
마른 풀잎에 매달려 생을 마감할 때까지
잠자리는 들녘이 좋아 햇빛이 좋아

제비가 이열 횡대로 도열하여
먼 여행길 마지막 행장을 꾸리는 가을
도회지 누군가 자살 소식이 들려와도
듣는 둥 마는 둥 아랑곳없이

낚시하는 사람 곁에서 콩을 거두는 농부 곁에서

먼 조상들 삶의 방식에 따라

잠자리는 그렇게 날다가 천진스럽게 놀다가

마른 풀잎 위에서 날아오르듯 가볍게 세상을 뜬다

풀잎도 꽃잎도 다 시든 어느 날 아침

-필자의 졸시 '잠자리' 전문

숙제로 제출할 독후감을 쓰기 위해 혹은 특정 시험을 대비하기 위해 책을 읽는 것과 인생의 길을 모색하며 나를 찾아가는 작업으로서의 독서는 근본적으로 다르다. 누구의 간섭도 받지 않고 오로지 나의 취향과 흥미에 따라 내가 선택하여 읽는 독서는 실로 인생을 풍요롭게 하는 첩경이 아닐 수 없다. 그 즐거움을 무엇에 견줄 것인가. 한 페이지의 감동적인 독서의 즐거움을 달리 어디서 찾을 수 있을까.

이양하의 수필에서 맛보는 그 촘촘하고 세밀한 문장 구조의 매력을 어디에서 또 맛볼 수 있을까. 그 지성, 그 질서정연한 논리, 마음을 포근하게 감싸주는 감성을 달리 어디에서 쉽게 만날 수 있을 것인가. 등산을 하거나 자전거를 타고 강둑을 내달릴 때의 쾌적한 즐거움도 좋지만 내 지성과 감성에 신선한 자극을 안겨주는 독서야말로 지상 최고의 쾌락 중 하나임에 틀림없다.

나는 종종 주위 사람들을 안타깝게 바라볼 때가 있다. 그들이 높은 지위 혹은 큰 부를 소유했음에도 오직 거기에만 만족해 있을 뿐 독서의 즐거움을 모르고 있다는 것을 깨달을 때다. 특히 마음을 사뭇 설레게 하고, 망연히 먼 하늘이나 지평을 바라보게 할 만큼 감동적인 시를 읽을 때 이런 즐거움을 모르는 사람도 있을 것을 생각하면 안타까운 마음이 앞서는 것이다.

어쩌면 그와 상응하는 어떤 즐거움이 그에게 있겠지만, 아무리 그것이 그들을 흡족하게 해준다 하더라도 한 편의 좋은 시가 주는 감동, 한 편의 좋은 수필이 안겨주는 즐거움은 따르지 못한다는 게 내 지론이다. 사십여 년 전에 발간된 박목월의 수필집을 읽고 나는 깜짝 놀라 나를 돌아보게 되었다. 너무나 가깝게 느껴져 늘 잘 알고 있다고 생각했던 시인의 두툼한 수필집을 읽으며 비로소 나는 시인의 참모습을 보았기 때문이다. 영영 목월의 시세계를 모를 뻔했다가 천만다행으로 이 수필집을 읽었구나 하는 안도의 한숨이 절로 나왔던 것이다.

독서에도 균형 감각이 필요하다. 현재의 베스트셀러만을 고집할 게 아니라 청록파 시인들이나 지용, 백석의 시, 혹은 청천이나 무애의 수필을 오늘에 다시 읽으면 우리보다 한두 세대 전 문장과 사회현상, 당시의 풍습 혹은 생활상, 풍미했던 가치관을 일목요연하게 접해볼 수 있어 오늘을 이해하는데도 좋은 참고가 되는 것이다.

이젠 아침저녁으로 제법 쌀쌀해졌다. 한낮엔 아직도 햇볕이 따갑다. 나는 10월에도 공휴일엔 산과 들에 텐트를 치고 무르익어가는 가을 경치를 바라볼 것이다. 이동 서재로서 텐트의 기능을 잘 활용하여 자연 속에서 책을 읽고 글을 쓰며 등화가친을 문자 그대로 나의 생활 속에 구현하고 싶다.

봄눈

점심식사를 마치고 교무실에 앉아 혼자 커피 한 잔을 마시는 때가 있다. 3월 8일 오후 1시 무렵 밖에는 때 아닌 함박눈이 쏟아지고 있다. 나이를 먹었다는 것인가. 때 아닌 함박눈 때문인가. 눈 오는 풍경을 바라보며 생각은 옛날을 향하여 달음질친다. 코흘리개 유년의 소꿉놀이가 어렴풋이 떠오르고 들길 산길 쏘다니며 원시의 아이처럼 자연 속에 묻혀 살던 어린 시절을 떠올려보기도 한다.

그러다가 '학교와 나' 에 생각이 미치게 되었다. '학교와 나' 라고 했지만 어찌 나에 국한된 얘기이기만 할 것인가. 우리 모두는 학교에 얽힌 많은 추억과 사연을 안고 세상을 살고 있다. 학창의 그 빛바랜 추억 속엔 엄청난 에너지가 비축되어 있어서 그 에너지는 끊임없이 우리의 삶에 공급되고 있다. 학창시절에 맺어진 우정, 그 시절에 싹텄던 사랑, 그 시절 읽었던 책, 그 시절 만난 선생님 등 온갖 천태만상의 체험들이 우리의 의식, 무의식 속에 화석연료처럼 매장되어 있어서, 필요할 때마다 우리는 그 에너지를 공급받아 세상을 사는 동력으로 삼고 있다.

그 시절에 배웠던 지식과 도덕, 그 시절에 단련했던 강건한 체력은 일생동안 우리에게 무한한 힘의 원천으로 작용하고 있다. 수없이 많은 동창회를 보라. 초등학교 동창회, 중학교 동창회, 고등학교 동창회, 대학 동창회까지 우리 사회에 자리 잡고 있는 모든 모임 가운데 분명 각종 학교 동창회가 내적 외적으로 가장 막강한 영향력을 행사한다. 선거를 앞둔 정치가들이 이 동창회에 구미가 당겨 자꾸 그 언저리를 기웃대는 것도 그 영향력 때문인 것이다.

동창회에 적을 두고 우리 모두는 그 힘을 과시하고도 싶고 아름다운 추억에 젖거나 우정을 확인하고도 싶은 것이다. 성공한 동창이 있을라치면 세상에 자랑하고 싶고, 고달픔과 외로움이 있을 때는 동창회에 의지하고 싶기도 한 것이다.

우리는 칠팔 세 무렵에 초등학교에 입학하면서 학교와 연을 맺는다. 그리고 학교생활과 더불어 온갖 체험을 하게 된다. 즐겁고 슬프고 괴롭고 힘든 모든 체험이 망라될 것이다. 그 체험은 그대로 우리의 피와 살이 되고 나라는 존재의 골격이 되어 인생의 방향을 제시하고 운명을 결정하기도 하는 것이다.

성공한 동창이나 그렇지 못한 친구들이나 다 같이 동창회에 적을 두고 회비를 낸다. 가끔 만나 함께 술잔을 기울일 때는 사회적 신분도 잠시 잊고 다시 그 옛날의 순수했던 시절로 돌아가는 것이다. 동창들은 낱낱이 그 추억을 공유하고 있다. 개성의 섬세한 부분까지도 서로 알고 그 골목, 그 운동장, 그 사건에 대한 기억도 함께 가지고 있다. 그 선생님, 그 여행지, 그리고 한 여학생에 대한 기억조차도 우리는 공동의 자산처럼 가지고 있다. 포도주와 우정은 오래될수록 보배롭다 했던가.

'나와 학교' 를 얘기하려다 동창회로 이야기가 비화했나 보다. 학교를 얘기하려 했으되 학교의 기능을 논하거나 교육의 사명을 논하려 했던 것은 아니다. 그것은 교육학자의 몫이다. 삼십년 가까이 무명의 교사로 학교에 근무해 오면서 때 아니게 내리는 봄눈을 바라보며 갑자기 떠오르는 다분히 감상적인 생각을 적어보려 했을 뿐이다.

여덟 살에 초등학교 입학한 이후 지금 오십 후반에 이를 때까지 나는 군복무 기간 3년과 제약회사에 다녔던 몇 개월을 빼고는 한 번도 학교와 멀어진 적이 없었다. 엄밀히 따지면 군대에서조차도 나는 학교와 인연을 맺었다. 그것은 내가 이십팔 주 동안 육군 제1하사관 학교에서 교육훈련을 받아 하사 계급장을 달고 졸업 후엔 줄곧 육군 제3하사관 학교에서 제대할 때까지 전술학의 조교로 복무했기 때문이다. 군의 학교도 학교일 것이 아닌가. 그러니 교직에 오기 전 근무했던 제약회사 몇 개월을 제외하면 계속 학교와 함께 내 생애를 보낸 셈이다.

그렇다면 학교가 좋아서 혹은 교육이 나의 천직이어서 계속 학교와 연을 맺어 살아왔는가. 그렇지 않다. 학교에 대해서는 고운 추억 아름다운 기억만 있는 것이 아니다. 담임선생님이 미워서 날마다 전학 갈 궁리에 골몰하던 때도 있었는가 하면 특정 과목의 성적이 오르지 않아 절망적인 생각을 밥 먹듯이 한 적도 있었다. 친구와의 갈등으로 고민한 적도 있고 선생님으로부터 종아리에 피가 맺히도록 회초리를 맞은 적도 있었다. 그러나 그 모든 것조차도 세월이 흐른 다음에는 한낱 아름답고 그리운 추억에 다름 아니다. 그 모든 체험이 인격의 바탕이 되어 내 삶의 방향에 좋은 지침, 좋은 교훈이 되기도 했다.

혹자는 명문학교로만 일관하여 화려한 동창회를 기반으로 상류사회로만 그 궤적을 그리며 살아가기도 할 것이고 어떤 이는 저 산골 오지 마을 초등학교만 겨우 졸업하여 그 초등학교 동창회를 유일한 기쁨이요, 생활의 기반으로 하여 평생을 살아가기도 할 것이다. 그러나 거기에 어떤 우열이나 편견이 있을 수는 없다. 각자 나름대로 주어진 여건에 만족하며 각자의 행복은 또 있게 마련 아닌가.

쏟아지던 함박눈도 이제는 그치고 희끗희끗 거리를 덮었던 눈도 어느새 다 녹고 말았다. 봄눈 녹듯 한다는 말이 이런 것인가. 꽃샘추위에 한바탕 눈이 쏟아진다 한들 봄은 이미 우리 주변에 당도해 있는데 그 눈송이 얼마나 오래갈 것인가. 금세 녹아서 저 돋아나는 새싹들의 곁으로 스며들어 그 뿌리를 촉촉하게 적실 것이다. 그리고 저 돋아나는 새싹이며 피어나는 꽃들로 하여 세상은 또 온통 꿈과 희망으로 차오를 것이다.

세상은 어쩌면 거대한 학교라고 해도 좋다. 우리는 이 커다란 학교에서 일생동안 무엇인가를 끊임없이 배우다가, 시행착오를 하다가 졸업을 하듯 세상을 또 뜨는 것인지 모른다. 내가 교직에 있기 때문에 이런 얘기를 하는 게 아니다. 교직에 있지 않아도 우리는 모두 일평생 학교와 무관하게 지낼 수는 없다. 동창 자녀의 결혼식에 참석하고 동창 부모님의 부음에 달려가 조문을 하는 것은 중요한 우리 일상사의 하나가 아닌가.

어디 이 것뿐인가. 자녀들이 성장하여 대학을 마칠 때까지, 아니 우리의 손자 손녀들이 성장하여 초등학교에 입학하고 중학교에 다니는 과정을 지켜보며 끊임없이 학교와 연을 맺고 관심을 갖는다. 나도 그렇거니와 사람들이 항상 즐거운 마음으로만 학교를 염두에 두는 것은 아니다. 피하고 싶고 거론하고 싶지 않은 것이 학교일지도 모른다. 학창시절에 있었던 좋지 않은 기억들이 상처가 되어 되살아나기도 할 것이다. 그러나 때로는 그 상처마저도 즐겁고 아름다운 추억이 된다. 성장의 바탕이 된 그 배움터는 일생동안 동행하며 우리의 인생을 함께 만들어가고 있는 것이다.

다시 봄을 기다리며

봄이 성큼 다가왔다. 우리는 겨우내 추위에 떨면서 따뜻한 봄을 기다린다. 희망의 봄, 사랑의 봄, 온갖 미사여구를 동원하여 봄을 칭송하며 봄이 어서 오기를 고대한다. 매스컴이 저 남쪽지방의 봄소식이라도 전하기 시작하면 더 조바심을 내며 빨리 봄이 북상하여 우리 집 마당까지, 우리 동네 들녘에까지 당도하기를 손꼽아 기다린다. 그러나 우리의 기대와는 달리 그렇게 아름다운 봄은 얼른 우리 곁으로 오지 않는다.

왜 그토록 간절히 기다리던 봄이 얼른 오지 않는 걸까. 혹시 우리가 어떤 착각에 빠져있는 것이 아닐까. 사춘기 소년이 낭만적인 사랑을 꿈꾸며 밤잠을 설치듯 우리도 봄에 대하여 일종의 환상을 품고 있는 것은 아닌가. 멀리 남쪽 지방 어느 곳에 유채꽃이 만발했다고 했을 때, 3월 며칠쯤 저 남쪽 진해 지방에 벚꽃이 피기 시작할 것이라는 예보라도 접하면 우리는 열심히 그 환상적인 봄을 머릿속에 그려보게 된다.

머릿속으로 그려보는 봄은 아름답기 그지없다. 아무런 제약 없이 마음껏 그려보는 봄의 정경 속엔 강남 갔던 제비가 돌아와 푸른 하늘을 날아다니고 바람 한 점 없이 고운 봄날 마당에, 울타리에, 도로변에 온갖 꽃들이 만발하여 낙원을 이루고 있다. 산에는 진달래가 울긋불긋 장관을 이루고 도로가엔 개나리 벚꽃이 만개하여 세상이 온통 꽃 대궐을 이루고 있다. 버들강아지 눈뜨는 실개천엔 찰랑찰랑 시냇물 소리 노래하듯 흐르고 파릇파릇 움돋는 들녘엔 어느 선계인양 아지랑이가 하늘하늘 춤을 추고 있다.

그런 꽃 세상 속으로 사랑하는 사람과 사랑을 속삭이며 꿈길을 가듯 봄빛에 취하여 걸어가기도 한다. 그러나 이 모든 상상이 상당부분 환상임을 알아차리기엔 그리 오랜 시간이 걸리지 않는다. 봄은 꽃소식으로부터 오지만 또 꽃샘추위와 더불어 오기 때문이다. 봄은 부드러운 남풍, 설레는 마음과 함께 오지만 또 세찬 황사바람과 진흙길, 며칠씩 계속되는 짓궂은 비바람과 함께 오기 때문이다.

계절은 벌써 봄으로 접어든 지 오래지만 내가 그리던 봄은 아직 그 모습을 드러내지 않고 있다. 아직도 싸늘한 대기 속 여기저기 피어있는 개나리꽃의 모습이 을씨년스럽기까지 하다. 어디 그 것뿐인가. 사상 최악의 황사가 전국을 강타하여 우리는 모두 황사 대비용 마스크를 준비해야 했다. 황사가 극히 작은 미세입자라 웬만한 마스크는 아무런 효과가 없다며 매스컴은 또 호들갑을 떨지 않았던가. 어제 오늘 가슴이 답답하고 자꾸 코가 막혀오는 것은 아마 온종일 들이마신 황사 때문일 것이다.

기다리던 봄은 지금쯤 어디에 있는 걸까. 계절은 벌써 4월, 어제가 식목일 오늘은 또 한식인데 아직 우리가 고대하던 그 봄은 곁에 와 있지 않다. 사랑에 대한 나의 기대가 환상이었듯이 내가 기다리던 봄은 환상의 봄이 아니었을까. 저 비발디의 봄노래 속에 나오는 부산하고 아기자기하고 생명력 넘치는 봄 그것은 음악속의 봄에 불과한 것인가.

시인들이 읊조렸던 꿈결 같은 봄, 사춘기 소년이 상상 속에 그려보는 황홀한 봄이 정령 세상에 있기라도 한 것인가. 오랜 세월 인생을 살아오면서 그런 꿈같은 봄은 이 세상에 없다는 것을 아직도 나는 간파하지 못했단 말인가. 마음이 혼란스럽다. 벌써 계절은 치달아 봄이 무르익을 무렵인데 창밖으로 보이는 봄은 세찬 바람과 흙먼지 속에서 오들오들 떨고 있다.

내 마음이 너무 서둘렀는지도 모른다. 봄은 원래 4월에 와서 오월에 무르익는 것인데 내가 터무니없이 3월부터 봄을 재촉하고 있는지도 모른다. 3월은 원래 꽃샘추위와 세찬 바람과 진흙의 계절이고 봄은 예로부터 4월에나 당도했던 것인지 모른다.

나는 마음을 달래 본다. 내가 그리던 봄은 4월에 올 것이라고. 그리하여 그 아름다운 봄이 5월까지 길게 이어질 것이라고. 그렇다면 저 개나리와 목련은 무엇 하러 철도 모르고 차가운 대기 속에 화사하게 피어났단 말인가. 세찬 바람과 황사먼지를 뚫고 멀리서 오고 있는 봄을 알리려고 계절에 앞서 달려온 첨병이란 말인가. 벚꽃의 봄과 라일락의 봄이 다르듯이 진달래의 계절과 철쭉의 계절이 다르듯이 산수유의 봄과 목련의 봄은 다를지 모른다. 무궁화의 봄과 모란꽃의 봄은 아마 다른 봄인가 보다.

이제 개나리꽃이 지고 하룻밤 세찬 바람에 목련꽃이 우수수 떨어져 땅바닥에 누워버린 다음 여기 저기 라일락은 피어나 아파트 정원의 한 귀퉁이에서 강렬한 봄의 향기를 날릴 것이다. 조팝나무는 산책길 양쪽으로 길게 도열하여 나의 봄나들이를 열렬히 환호하듯 하얀 꽃을 피워낼 것이다.

그러나 우리가 기대하던 그 봄은 아직도 우리 곁에 오지 않았다. 아직도 공기는 차갑고 바람은 세차고 제비 한 마리 돌아오지 않았다. 어쩌면 내가 바라는 그 봄은 영영 오지 않을지도 모른다. 내 마음에 사랑이 넘치고 희망이 용솟음치지 않으면 내가 바라는 그 봄은 영영 자취를 감춰버릴지도 모른다.

봄이 젊은이의 전유물이 아니요 여유 있는 사람만의 잔치도 아닐 텐데. 내 연령대의 사람에게 가장 어울리는 봄은 어떤 봄인가. 행장을 꾸려 초로의 아내와 함께 훌쩍 봄나들이라도 나서야 하는 건가. 친구를 불러내어 꽃그늘 아래서 온종일 술잔치라도 벌여야 할까. 이 좋은 봄날 혼기에 접어든 아이들 혼사라도 치러야 하는 건 아닌지.

마음은 여전히 쓸쓸하고 고단하다. 4월 중순쯤이면 내 마음도 화사한 봄기운으로 황홀하여 지려나. 오월이 되면 비로소 내 마음속에도 봄이 만발하여 환희의 찬가를 목청껏 부를 수 있을까. 아직은 장담할 수 없다. 어쩌면 오월이 다 가고 다시 따가운 뙤약볕이 세상을 달굴 때까지 내 마음에 봄은 한 번도 만발하지 못하고 소중한 또 한 번의 봄을 아쉬움 속에 묻어야 할지도 모른다.

그렇지만 나는 기다릴 것이다. '모란이 피기까지는 나는 아직 나의 봄을 기다리겠다' 는 영랑 시인과 함께 '모란이 뚝뚝 떨어져 버리는 날' 까지 나는 나의 봄을 기다릴 것이다.

모란이 피기까지는
나는 아직 나의 봄을 기다리고 있을 테요
모란이 뚝뚝 떨어져 버린 날
나는 비로소 봄을 여읜 설움에 잠길 테요
오월 어느 날 그 하루 무덥던 날
떨어져 누운 꽃잎마저 시들어 버리고는
천지에 모란은 자취도 없어지고
뻗쳐오르던 내 보람 서운케 무너졌느니
모란이 지고 말면 그뿐, 내 한 해는 다 가고 말아
삼백 예순 날 하냥 섭섭해 우옵내다
모란이 피기까지는
나는 아직 기다리고 있을 테요, 찬란한 슬픔의 봄을

막내딸

파릇파릇 새싹이 돋는 3월, 늦둥이 막내딸이 중학교에 들어갔다. 집 옆에 있는 남녀공학 학교에 배정이 안 되고 버스로 30분 거리에 있는 여자중학교에 배정이 되었다. 막내보다 열세 살이나 차이가 나는 쌍둥이 딸들이 이제 교육을 다 마칠 무렵 막내가 중학교에 입학해 교육의 문제가 다시 우리 집의 현안이 된 것이다.

쌍둥이 아이들 교육으로 너무 힘들어서 막내만큼은 지가 알아서 잘 했으면 싶지만 어디 교육이 그렇게 수월하기만 한가. 이제 입학한 지 열흘도 채 안되는데 벌써부터 걱정이 앞선다. 그러면서 내가 무엇을 걱정하고 있는지 그 실체가 궁금하다. 걱정의 실체 제일 앞서는 걱정은 역시 학업에 대한 것이다.

언니들하고는 달리 성격이 활발하고 교우관계도 어찌나 폭넓은지 다분히 연예인 기질이 있지 않나 여겨지면서도 학업에 대한 부모의 욕심은 여전한 것이다. 입학 전에 반 편성을 위하여 치룬 진단평가는 어땠는지. 반에서 어느 정도에 드는지 궁금하지만 얼른 알아볼 생각은 엄두도 못 낸다.

그 점수로 담임교사는 벌써 아이들을 어느 정도 파악하고 있을 텐데. 첫 시험을 잘 봐서 무사히 중학교 생활에 안착해야 할 텐데. 첫 고사를 잘 못 쳐서 선생님에게도 반 친구들 사이에서도 그냥 그 이미지가 굳어지면 어쩌나. 별 생각이 다 든다. 6학년 2학기 때 학원에 다니며 중학교 1학년 과정을 미리 학습했는데 그로 인해 수업시간에 흥미를 잃고 딴 짓을 하면 어쩌나. 새로 신설되는 국제고등학교에 입학하면 좋겠다는 막연한 기대를 또 저버릴 수도 없다.

나쁜 친구들과 어울려 다니며 좋지 않은 생활습성에 물들면 어쩌나 하는 걱정도 떠나질 않는다. 요새 아이들이 얼마나 조숙한지 옛날 같으면 중학교 2학년쯤에나 오는 사춘기가 초등학교 4학년 5학년 때 겪는 경우가 보통이다. 거기다가 인터넷의 범람으로 각종 청소년 범죄 관련 정보가 실시간으로 공급되니 어찌 염려가 되지 않는가.

뿐만 아니라 하루에 문자를 수백 건씩 보내는 요즘 아이들, 몇 시간씩 인터넷을 통해 채팅을 주고받는 아이들, 연예인들에게 푹 빠져있는 아이들, 우리 집 아이라고 예외가 아닌 것이다. 막연하게 다 못하게만 한다고 해결될 문제가 아닌 것이다. 공부도 억지로는 안 된다고 하지만 그렇다고 손을 놓고 있을 수만도 없다. 각종 통계자료가 사교육비와 학업성취도의 상관관계를 일목요연하게 증명해내고 있지 않은가.

내가 자라고 공부하던 시대만 생각하다간 낭패를 보기 십상인 상황이다. 오늘도 아이는 옷이 없다며 옷을 사달라고 떼를 쓴다. 중학생이 되었으니 용돈도 올려달라고 졸라댄다. 밤이나 낮이나 핸드폰을 손에서 놓지 않아 그만 압수해버린 핸드폰을 돌려달라며 저희 엄마한테 소리를 버럭버럭 질러대는 아이를 보며 쉽게 걱정을 놓지 못하는 것이다.

언니들 키우면서 받은 스트레스 때문에 지금도 골치가 지근거리는데 막내 때문에 또 골머리를 앓게 된다면 참담할 것만 같다. 이것이 다 쓸모없는 맹목의 경쟁심이지 하면서도 가볍게 넘기질 못한다. 사필귀정이라고 결국엔 공부할 아이 계속 공부하고 장사할 아이 장사하게 되겠지만 쉽게 마음을 놓지 못 한다.

심정적으론 자연과 벗하며 마음껏 뛰어놀게 하고, 자기 특기 적성에 따라 무럭무럭 개성이 자라게 해주었으면 하면서도 얼른 그 방안이 떠오르지 않는다. 학교 성적에서 얼른 자유로워지지가 않는 것이다. 판소리 같은 예능에 재주라도 있다면 일찌감치 그걸 붙잡고 그길로만 정진하면 오히려 좋겠다는 생각을 해보기도 한다. 국어, 영어, 수학, 한문, 일본어, 과학, 사회, 기술 가정, 음악, 미술, 체육 전 과목을 붙들고 몸살을 앓는 아이를 보면 공부하라고 다그치는 아내가 뭘 모르는 사람같이 생각되기도 한다.

뚜렷한 해법이 얼른 떠오르지 않는다. 제 스스로 잘 알아서 노력해주기를 바랄 뿐이다. 어쩔 수 없이 학원에도 보내지만 스스로 노력하지 않으면 소용이 없을 텐데. 한편 아내만 동의하고 이해한다면 모든 걸 아이에게 맡기고 그냥 마음 편히 지내고 싶기도 하다. 그렇다고 해도 큰 문제가 생길 거 같지는 않은데 왜 그걸 못하는지 모르겠다.

4월

2007년 4월 22일 일요일 오전 11시, 자전거를 타고 집을 나섰다. 아파트단지를 벗어나면 줄 지어 서있는 개나리울타리, 벚꽃들의 행렬이 펼쳐진다. 바람이 많이 불지만 봄기운을 잔뜩 머금은 봄바람은 차갑지 않아, 온몸에 부딪쳐도 상쾌하기만 하다. 아침나절 아파트 정원에 우수수 떨어져 있던 시든 목련꽃 이파리, 이제 늦게 피어난 자목련을 제외하고는 목련의 한 시절은 다 지나간 듯 나뭇가지에 아직 달려있는 꽃 이파리가 초췌하기 그지없다.

꽃은 지고 저렇게 푸른 잎사귀 또 나무를 싱싱하게 감싸는 것을. 울타리의 개나리도 이제 제 철을 넘긴 듯 샛노랗던 꽃잎이 누렇게 시들고 있다. 꽃은 시들어 떨어지고 듬성듬성 남아있는 초췌한 꽃 이파리 사이로 초록의 잎사귀들 무성하게 자라 올라 울타리 풍경에 일대 변화가 오고 있다. 봄을 기다리던 그 설레던 마음에 응답이라도 하듯 화사하게 피어났던 개나리며 목련꽃이 이제 사명을 다 하였다는 듯 하염없이 작별을 고하고 있다.

벚꽃도 바람에 흩날리고 있다. 흰 꽃잎이 우수수 떨어지는가 하면 나풀나풀 맴을 돌며 간간이 흩날리기도 한다. 계절은 어느새 또 다른 경지로 접어들고 있다. 라일락은 이제 아파트 정원 한 모퉁이에 있는 듯 없는 듯 피어나 오가는 이의 코끝에 알싸한 향기를 뿌려주고 있다. 개나리가 지고 있는 길가엔 하얗게 무리지어 피어나는 조팝나무 꽃들이 정겹다. 들녘엔 마른 풀잎 사이로 소담스럽게 자라 오르는 어린 풀잎들, 고개를 들면 무서운 기세로 변해가는 연녹색의 산등성이, 바야흐로 신록의 세계는 이미 목전에 당도하여 전개되고 있다.

자연의 세계는 이렇게도 아름다운 것을. 저 잎사귀 사이로 또 꽃이 피고 열매가 열리고 이윽고 풍성한 수확의 계절도 오고야 말 것이다. 머지않아 세상은 또 아카시아 향기로 뒤덮이고, 다시 붉은 장미 불타올라 사람들은 저마다 사랑의 열병을 앓기도 할 것이다.

나는 자전거를 타고 들길을 달리다가 들녘 한 곳에 자전거를 팽개치고 아무렇게나 마른 갈대밭에 벌렁 누워 하늘을 본다. 푸른 하늘로 물오리 몇 마리 괴성을 지르며 날아오르고 코끝을 스치고 지나는 바람에선 향긋한 봄 냄새가 난다. 옷자락을 나부끼고 머리칼을 흩트리는 바람이 상쾌하다. 나는 지금 4월의 한 때를 아무도 없는 갯벌공원 갈대밭에서 호젓이 보내고 있다. 4월의 들판에 누워 한동안 천지간에 자유롭게 내 생각과 몸을 풀어놓을 것이다. 내 몸에 푸릇푸릇 4월의 초록빛이 배어들 때까지.

칼국수 맛

내가 살고 있는 인천시 남동구 만수동에서 소래포구와 월곶을 지나 조금 더 달려가면 시화호가 있다. 바닷물을 막아 담수호로 만들려다 실패하고 지금은 다시 바닷물이 드나들도록 한 거대한 인공호수다. 이 호수의 방조제가 사뭇 장관이다. 길이가 13km나 되는 4차선 도로가 사뭇 이국풍경을 연출하면서 시흥시와 대부도 사이에 뻗혀 있는 것이다.

자동차도로 옆으론 자전거와 인라인스케이트 도로가 나란히 나 있어 동호인들이 즐겨 애용하는 단골 코스이기도 하다. 양 옆으론 자전거 대여소가 있고 토스트나 커피를 파는 차량이 군데군데 늘어서서 손님을 기다리고 있다. 사람들은 길가에 자동차를 세우고 방조제 둑에 올라서서 바다를 바라보며 바람을 쐬고, 낙조를 바라보고, 멀리 물이 빠진 갯벌에서 너도나도 바지락을 캐는 사람들을 망연히 바라보기도 한다.

나도 이 길을 자주 가는 편이다. 대부도 입구에서부터 화성시 송산면 마산포까지 환상의 도로에서 사이클을 타기 위해서다. 이 도로는 송산 그린시티 개발의 기반시설로 농업기반공사가 건설한 2차선 도로로 완벽하게 마무리해 놓았지만 자동차는 엄격하게 통제하고 있어 쪽문을 통하여 겨우 자전거 한 대 드나들 수 있을 뿐이다. 이 도로를 자전거 동호인이나 인라인 스케이트 동호인들이 즐겨 애용하고 있다.

드넓은 시화호 가운데를 가로질러 조성된 이 길은 환상의 사이클 코스다. 나는 사시사철 이 코스를 따라 왕복 26km를 달린다. 계절마다 모여드는 철새들의 군무도 장관이고 팔뚝만한 숭어가 물 위로 치솟으며 만들어내는 한가로운 풍경도 일품이다. 여기저기 나무를 심고 벤치를 만들어 조성한 아늑한 쉼터에 앉아 바다와 낙조를 바라보며 이런저런 생각을 하다 보면 가끔 한 구절의 시구가 불현듯 떠올라 후에 한편의 작품으로 완성되기도 한다.

나이를 먹어가면서 점점 나는 자연과 함께 하는 삶이 즐겁다. 도시에 살더라도 늘 자연을 찾아 나서리라 다짐하는 것이며 나중에는 아주 풍광 좋은 어느 시골에 머물 생각을 하기도 한다.

이렇게 서너 시간 호젓하게 사이클을 타며 자연의 품속에 몸을 맡기다가 다시 출발점으로 돌아오면 거기 맛깔스럽게 국물을 내는 칼국수집이 있다. 나는 운동을 끝내고 이 집에 들러 칼국수 한 그릇을 먹고 집으로 돌아오곤 한다.

칼국수를 자주 먹다보니 한 가지 요령을 알게 되었다. 칼국수의 참맛은 그 국물에 있다. 그런데 칼국수 면발은 비교적 굵기 때문에 젓가락으로 면을 집어 올리면 그 국물의 맛을 함께 맛보지 못하는 게 흠이다. 가끔은 생경하게 칼국수 면발에서 밀가루 냄새가 입 안 가득 끼쳐오기도 하는 것이다.

그래 방법을 궁리하다가 면발과 국물을 함께 먹는 방법을 고안했다. 아주 간단하다. 섞박지나 김치를 썰으라고 내 놓은 가위로 그것을 썰고 난 후 칼국수 면발을 몇 번 뚝뚝 끊어주기만 하면 된다. 그럼 숟가락에 면발과 함께 국물이 가득 담기기 때문에 면발과 함께 시원한 국물을 즐길 수가 있다.

보통 잔치국수나 라면 혹은 냉면은 면발이 가늘기 때문에 젓가락질만으로도 많은 국물이 면발과 함께 올라온다. 자장면은 국물이 없으니 자연히 면발과 자장이 잘 배합되어 적당히 맛을 내준다. 우동이나 짬뽕 국물은 아무래도 칼국수 국물의 감칠맛 나는 맛에 비교될 수 없지 않은가. 그러니까 굳이 면과 국물을 꼭 같이 먹을 필요가 없다. 그러나 면발이 굵은 우동이나 짬뽕은 칼국수처럼 몇 번 끊어서 국물과 함께 먹는 방법이 괜찮기도 할 것이다. 중화요리 집에서는 가위가 나오지 않는 게 문제긴 하다.

나는 어려서 어머니로부터 밀것을 좋아한다는 말을 많이 들었다. 시골에서 밀가루 반죽을 밀어서 만드는 콩국수, 비빔국수, 칼국수를 매우 좋아했고 수제비도 좋아했다. 식성이 변하기도 하겠지만 나의 밀것 사랑은 나이가 들어서도 변함없다.

밀것이라면 비빔국수, 잔치국수, 자장면, 우동, 짬뽕 등 무엇이나 즐겨먹다가 칼국수에 흠뻑 빠지게 된 것은 그리 오래되지 않았다. 아마 칼국수의 명소 대부도가 가까이 있고 그곳을 자주 가게 되면서부터일 것이다. 더 나이가 들어서도 나는 대부도로 달려가 시원한 바지락 칼국수를 즐겨 먹을 것이다. 사이클을 타고 시화호를 가로지르며 호젓하게 바다바람을 쐬고 서해의 낙조를 바라보며 시원한 칼국수 한 그릇 먹고 싶다.

버스를 타고 가며

종종 버스를 탈 때가 있다. 예전엔 버스를 타는 일이 보통이었는데 요새는 좀체 탈 기회가 없다. 승용차 십부제에 해당되는 날이나, 모처럼 모임이 있어 술자리가 예상될 때 승용차를 두고 버스를 타고 가는 것이 고작이다. 그만큼 우리 생활 모습이 많이 변했음을 인정한다 하더라도 모처럼 버스를 타고 느긋한 마음으로 밖을 내다보며 가다보면 여러 가지 생각이 겹쳐오게 된다. 물론 내 복고적 취향도 작용했을 것이다.

버스에 몸을 싣고 이리저리 흔들리며 가다보면 마음이 편안해진다. 옛날의 익숙한 내 모습으로 돌아가게 되어 그럴까. 버스에 앉아 있으면 소박한 삶의 냄새가 물씬 풍겨온다. 나는 버스에 오르고 내리는 사람들의 모습을 따뜻한 시선으로 바라본다. 할머니 할아버지들이 오르고 내린다. 아기를 데리고 아줌마들이 타고 내린다. 학교를 파한 학생들이 우르르 몰려와 타기도 한다. 학생들은 저마다 교통카드로 버스비를 지불한다. 카드를 센서에 댈 때마다 `청소년입니다`하는 경쾌한 음향이 울려 퍼진다. 그 경쾌한 음향이 또 하나 청소년들의 동질성을 확인시켜주는 계기가 되기도 할 것이다.

그것은 나중에 학창 시절을 되돌아보게 하는 추억의 음향이 되기도 할 것이다. 어른들은 저 경쾌한 음향을 들으며 우리 사회가 청소년에게 갖는 기대와 희망을 떠올려 보기도 하지 않겠는가. 차에 오른 청소년들은 휴대폰에 열심히 메시지를 입력하고 게임을 한다. 밖의 친구와 손을 흔들며 장난스럽게 인사를 나누는 모습에서 옛날 학창시절의 내 모습을 떠올려보기도 한다. 어떤 남학생은 같은 버스로 통학하는 어느 여학생 때문에 몸살을 앓기도 할 것이다, 옛날 내가 그랬듯이.

젊은 엄마가 아기를 안고 차에 오른다. 그 젊은 엄마가 또 우리나라 어머니들의 사랑과 희생을 생각해보게 한다. 아기 하나를 등에 업고 또 한 아이를 걸려 힘겹게 차에 올라 좌석도 없이 흔들리며 가는 모습에서 고단한 여성 삶의 한 단면이 엿보이기도 한다. 버스는 직선 도로를 피해, 시장 모퉁이를 돌고 공단을 지나 구불구불 달려간다.

자가용이 없는 사람들, 택시를 못 타는 사람을 태우기 위해 지름길을 피해 멀리 한 바퀴 도는 것이다. 차창 밖으로 저 만치 내가 신혼생활을 시작했던 아파트가 보이기도 하고, 지금은 다 큰 쌍둥이 딸들이 다니던 유치원이 예전 모습 그대로 거기 있는 것을 보며 유수와 같이 흘러가는 세월을 다시 한 번 되돌아보게 된다.

요새 버스는 콩나물시루처럼 그렇게 붐비지 않는 것 같다. 그것만 해도 참 다행이다. 많은 사람이 승용차를 이용하기 때문일 것이다. 버스 이용도 많이 편리해졌다. 그중 하나가 환승요금제다. 한 시간 내엔 두 번을 타든 세 번을 타든 요금이 한 번만 계산되니 얼마나 편리한가. 승용차를 타야하는 그릇된 습성에서 조금만 벗어나면 쉽고 저렴하게 버스를 이용할 수 있다. 버스회사의 생존전략이긴 하지만 시민에게도 매우 좋은 조치임에 틀림없다.

기름 값이 천정부지로 치솟고 있다. 승용차 타는 일이 보편화되고 습관화 된 요즈음 가끔 버스를 타고 구불구불 시장모퉁이를 돌고 공단을 돌아 귀가해볼 일이다. 금세 우리는 얼마 전까지 익숙했던 우리의 아날로그 모습에 편안함을 느낄 것이다. 지금도 시골에 가면 마을 어귀의 정자나무 그늘에 돗자리를 깔고 온종일 매미소리를 들으며 여름 한나절 보내는 사람들 있을 것이다. 소달구지를 몰고 뚜벅뚜벅 시골길을 걷는 사람도 더러 있을 것이다. 자동차 경적소리 엔진소리 들리지 않는 한적한 시골, 마당 가득히 꽃을 심어놓고 유유자적 저 자연의 변화와 더불어 세월을 보내는 순박한 사람들도 있을 것이다.

나태한 삶을 얘기하는 게 아니다. 전국 방방곡곡으로 고속도로가 뚫리고 초고속 정보통신망이 거미줄처럼 얽혀 전 세계 소식을 동네일처럼 들여다 볼 수 있는 시대에, 속도에 휩쓸려 예스럽고 멋스러운 우리의 생활 문화가 점점 더 잊혀져가는 것이 안타까운 까닭이다.

이름도 알 수 없는 많은 화려한 꽃들 속에서 어릴 적 마당가에 심어 가꾸던 봉숭아나 채송화, 맨드라미나 백일홍을 보았을 때의 반가움을 생각해보자. 너도나도 고급 승용차를 선호하는 시대에 옛날처럼 천천히 달리는 완행버스를 타고 고향을 한번 찾아본다면 차창으로 지나가는 산천의 모습이 얼마나 정다워 보일까.

삶의 즐거움은 세련되고 화려한 것에만 있지 않다. 생활의 멋도 최신 첨단 제품 속에만 있는 것이 아니다. 터덜터덜 걸어가는 오후의 햇살 속에도 기쁨은 있고, 시장 모퉁이 쭈그리고 앉아 담소를 나누는 파리한 노점상의 대화에서도 소담스런 행복이 솟아나기도 할 것이다. 첨단과 최고를 추구하면서도 전통적인 순박한 삶의 모습을 간과해선 안 된다.

느리고 촌스럽고 투박한 생활 모습 속에 우리 자신의 진짜 모습을 볼 수 있지 않겠는가. 바쁘게 사는 틈틈이 저 자연 속으로 나가야겠다. 가서 시냇물에 발을 담그고 물소리 바람소리에 귀를 기울이고 싶다. 느릿느릿 시골길을 걸으며 사람도 다 자연의 일부임을 깨달아보고 싶다. 물질적 풍요 속에 점점 빈곤해지는 우리의 내면에 저 자연의 색체와 소리가 활력을 되찾아 주지 않을까.

제2부

물닭은 어디로 갔을까?

물닭은 어디로 갔을까?

오후에 접어들자 햇빛은 더욱 투명해졌다. 창문으로 바라다 뵈는 저쪽 아파트 담장에 겨울햇살이 환하게 금빛으로 빛나고 있다. 나는 또 운동을 하러 나갈 참이다. 지난 봄 운동을 좀 더 본격적으로 하기 위해 경주용 자전거를 새로 구입하고 헬멧과 복장, 휴대용 펌프 등 몇 가지 장비를 갖추었다.

그 후로 들꽃들이 무더기무더기 피어있던 봄 길을 달리며 부드러운 봄바람을 온몸으로 맞기도 하고, 5월 하순엔 탐스러운 아카시아 꽃길을 달리며 그 꽃잎을 따서 입에 넣고 꾸역꾸역 씹으며 동심에 젖기도 했다. 진달래꽃과 더불어 아카시아 꽃은 어렸을 적에 많이 따먹었던 고향의 꽃이다.

한여름에 접어들었을 때도 나는 뙤약볕 속을 달렸다. 더위는 피한다고 피해질 수 있는 게 아니다. 조금만 더우면 에어컨을 켜고 선풍기를 돌려대는 것보다는 차라리 더위에 몸을 내 맡기고 이열치열의 지혜를 따르는 것이 더 효과적이라는 걸 나는 터득했다. 조금만 더우면 견디질 못하고 냉장고 문을 여닫거나 바닷가나 계곡으로 피서여행 떠날 생각을 하기 보다는 땀이 줄줄 흐르더라도 그러려니 하고 그 열기에 내맡기는 것이 근래의 나의 피서법이다.

그래 한여름 삼복더위에도 나는 자전거를 타고 들녘을 달렸다. 오히려 인적 드문 곳에선 웃통을 다 벗어 붙이고 잔등을 새까맣게 태우며 뙤약볕 속을 달렸다. 가을에도 나의 들녘 사랑은 여전했다. 황금빛으로 변해가는 들녘, 길가엔 코스모스가 긴 행렬을 이루어 피어있고 해바라기가 가을 하늘 아래 탐스럽게 피어 고향의 운치를 자아내기도 했다.

봄, 여름, 가을이 지나 이젠 한겨울이 찾아왔다. 폭설이 내려 들녘을 하얗게 덮더니 지금은 강추위가 몰아쳐 살을 엘 듯이 바람이 차고 맵다. 아무리 추워도 상하의 겨울용 사이클 복장을 착용하니 문제될 게 없다. 찬 겨울바람에 코끝이 시려 다시 코와 입을 가릴 수 있는 마스크를 구입했다. 그것을 착용하고 헬멧을 쓰고 거울을 보니 저 이라크의 무장단체 알카에다 조직원처럼 눈만 반짝거린다. 설마 나를 알카에다의 조직원으로 보랴. 아니 복면을 한 은행 강도로 보기야 할 것인가.

자전거를 끌고 아파트단지를 나선다. 경비아저씨가 늘 하는 인사를 건넨다. "운동 나가시는군요." 나는 가볍게 인사를 받고 아파트 단지를 빠져나와 버스 정류장을 지나 채 5분도 안 돼 장수천 둑길로 들어선다. 10여분만 더 달려가면 거기 드넓은 소래벌판이 사시사철 나를 기다리고 있다.

갈림길이 나온다. 오른쪽으로 가면 소래포구까지 이어지는 긴 산책로가 있고 왼쪽으로 접어들면 꼬불꼬불 이어지는 운치 있는 농로를 만난다. 농로라고 해도 차량 한 대가 다닐 수 있을 만큼 넉넉하고 포장이 돼 있어 자전거타기엔 안성맞춤이다. 지난여름 장마 땐 이 논배미에도 홍수가 났었다. 논두렁이 모두 물에 잠겨 거대한 저수지를 이루었었다. 그 저수지 같은 물에 물오리들만 날아들어 무심하게 헤엄을 쳤었다.

몸에선 벌써 열이 난다. 구부러진 논길을 휙 한 바퀴 돌아 갈대 무성한 갯벌 길로 접어든다. 갯벌이래야 지금은 물길이 끊겨 육지로 변한지 오래되어 인천시 남동구가 수도권 소래습지공원으로 조성한 곳이다. 몇 해 전까지만 해도 이곳에 염전이 남아 있어 인부들이 구슬땀을 흘리며 열심히 소금을 만들곤 했는데, 이젠 이 갯벌을 가로질러 길게 6차선 도로가 건설 중에 있어 염전은 이제 그 흔적마저 없어지고 있다. 여기저기 무너지거나 불에 탄 소금창고만이 옛 영화롭던 염전의 자취를 보여주고 있을 뿐이다.

이 갈대 우거진 벌판에 5월이면 개구리들이 목청을 돋우어 합창을 하고, 때론 장끼란 놈이 푸드득 하고 코앞에서 날아오르기도 한다. 봄엔 이따금 뻐꾸기가 날아와 자지러지게 울기도 하는 것은 아마 제 새끼를 키워줄 붉은머리오목눈이가 이 들녘에 살고 있기 때문일 것이다. 뻐꾸기는 '탁란' 이라 하여 다른 새의 둥지에 알을 낳아 부화시키는 습성이 있다.

높이 떠서 꼼짝도 않고 지상을 응시하던 황조롱이가 갑자기 몸을 내리꽂아 들쥐 한 마리를 낚아채 오른다. 들녘엔 온통 겨울햇살이 지천이다. 추수가 끝난 논바닥엔 까치와 멧비둘기가 정답게 모이를 쪼고, 지난 5월 향내를 진동시키며 탐스럽게 꽃을 피우던 길가 아카시아 나무는 여기저기 까치집을 얹은 채 앙상한 알몸으로 긴 겨울잠에 빠져 있다.

이제 막 시흥 앞 벌판으로 접어들려는데 저만치 논바닥에 거뭇한 물체가 보인다. 저것이 무엇일까. 자전거를 세워놓고 들어가 보니 죽은 너구리다. 그 놈의 몸을 젖히고 살펴보니 목덜미에 피가 엉겨 있다. 누군가의 총에 맞고 도망을 가다가 이 논바닥에서 기진하여 죽은 게 틀림없다. 누구의 소행일까.

한 번은 어둑어둑해서 늦게 자전거를 타는데 온 몸을 누더기로 위장을 하고, 겨울 오리를 잡기 위해 오리의 잠자리인 물 논배미 옆에 잠복하고 있던 밀렵꾼을 보고는 혀를 찬 일이 있다. 개중엔 그런 무신경의 사람들도 있는 것이다. 죽은 너구리를 논바닥에 놓아두고 나는 다시 자전거에 올랐다.

오래 전 내가 초등학교에 다닐 무렵이었다. 나보다 다섯 살 위인 사촌형이 연을 날리다가 연줄이 끊어졌다. 멀리 아주 멀리 연을 찾으러 갔다가 눈구덩이 속에 죽어 있는 동물 사체를 발견했다고 했다. 개 같기도 하고 늑대 같기도 한데 알 수가 없었다는 것이다. 사촌형은 그 죽은 동물의 사체를 안간힘을 다하여 어깨에 메고 집에까지 왔다. 집 마당에 갖다 놓았는데 어른들이 보더니 그것이 늑대라고 하는 것이다.

나는 지금도 어렴풋이 기억난다. 개처럼 생긴 커다란 회갈색의 동물의 사체. 아마 내장을 모두 발라내고 펄펄 끓는 뜨거운 물에 삶아 갖은 양념을 해서 동네 청년들이 먹었을 것이다. 너무 오래 전 일이라 기억이 희미한데 아마 그랬을 것이다.

햇살은 아직도 들녘에 밝다. 자전거를 타고 가는데 핸드폰의 진동이 전해져온다. 자전거를 세우고 전화를 받는다. K다. 선생님, 선생님 하며 나를 따르는 K. 옛날 시골학교 교사로 가 있을 때의 제자다. 오랜만에 다시 만나 이제는 벗처럼 말동무하며 지내고 있다. 솔직담백하고 쾌활한 성격이 평생 친구로 지내도 좋기만 할 제자 겸 벗인 것이다.

이런 일 저런 일 아무 구김살 없이 허심탄회하게 심중을 털어놓기도 하고 나의 의견을 구하기도 하는 친구다. 운동을 하고 있다고 하니 이 추위에 운동을 하느냐며 놀라는 기색이더니 점심을 한 번 내겠단다. 그러마고 나는 쾌히 승낙하였다. 만난 지도 오래 되었으니 한 번 만나보고도 싶다.

전화를 끊고 다시 투명한 겨울햇살 속으로 미끄러져 간다. 자전거를 타고 지나는 길목엔 커다란 웅덩이가 있다. 지금은 물이 얼어붙고 갈대와 잡초가 이리저리 쓰러져 얽혀 있지만 봄부터 가을까지 물닭들과 실랑이를 벌이며 낚시꾼들의 발길이 끊이지 않는 곳이다. 지금쯤 그 물닭들은 다 어디로 가서 겨울을 나고 있을까. 어린 물병아리들이 쪼르르 헤엄을 치다가 사람의 기척만 보이면 물속으로 순식간에 숨어들곤 했었는데, 지금은 윙윙 한겨울 찬바람만 얼음 위를 내달리고 있다.

저만치 인근엔 청룡저수지가 있다. 이곳은 학교 운동장 다섯 배는 되는 큰 저수지로 사시사철 낚시꾼들로 붐비는 곳이다. 초겨울만 해도 어김없이 낚싯대를 드리운 강태공들을 볼 수 있었는데 요새는 텅 비었다. 저수지가 꽝꽝 얼었기 때문이다. 나는 또 자전거를 저수지 둑에 세우고 조심조심 들어가 얼음의 두께를 확인한다. 끄떡없다.

점점 가운데로 들어간다. 얼음은 두껍게 얼어 있었다. 이럴 때 썰매라도 있다면 아니 막내딸을 데리고 와 신나게 팽이를 치고 썰매를 타게 했으면 좋겠다는 생각을 한다. 컴퓨터와 핸드폰이 유일한 오락거리요, 학원 다니느라고 찌든 요즘 아이들이 가여워진다. 어떻게 하면 아이들이 저 자연 속에서 뛰놀며 건강한 심신을 다질 수 있을까?

저수지 둑에는 3개의 오두막이 있다. 라면을 끓여주고 음료수를 파는 집이다. 한 채는 문이 걸어 잠겼다. 어서 봄이 오길 기다리며 어디선가 겨울을 나고 있을 것이다. 벌써 두어 시간이 지났다. 일제가 소금을 실어 나르기 위해 만들었다는 부인교(富仁橋)에 가서 잠시 쉬었다가 들어가야겠다.

갯고랑 위에 놓인 부인교에 이르니 갯고랑으로 밀물이 밀려들어온다. 지난 5월에는 이 다리 위에서 낚시꾼들이 팔뚝만한 숭어를 여러 마리씩 건져 올려 즉석에서 회를 치기도 했는데, 지금은 다리 위에 아무도 없고 겨울 오리들이 차가운 물속에서 자맥질을 하며 먹이 찾기에 분주하다. 저 오리들은 어떻게 그 조그만 몸뚱어리로 차가운 물속에서 먹이를 구하며 혹한을 견디는 것일까. 새삼 자연의 경이로움에 숙연해진다.

다리 위에서 한동안 오리들의 자맥질을 보다가, 밀려들어오는 바닷물을 구경하다가 소래습지공원의 쉼터로 간다. 거기엔 벤치가 있고 음료수 자판기가 있다. 200원으로 율무차 한 잔을 뽑아든다. 따뜻한 율무

차가 목을 축인다. 동지가 지난지도 벌써 한 달이나 지났다. 이제 머지 않아 입춘도 다가오리라. 곧 겨울방학도 끝나고 다시 학교는 신학기 준비에 바쁠 것이다. 차를 마시며 잠시 벤치에 쉬다가 돌아오는 길에도 해는 아직 한 뼘이나 남았다.

설날

또 설날이 다가오고 있다. 매스컴에 설날 제수용품 가격 정보가 오르내리고 귀성길 교통정보가 예보되고 있다. 이렇듯 설날이 저만치 다가오면 마음이 들뜨기라도 하련만 영 그렇지가 않다. 수천만이 고향을 찾고 부모형제 만날 기대에 들떠 있는 이 명절이 왜 나는 별로 즐겁지 않은가. 모든 것이 마음먹기에 달렸다고 한다면 또 할 말이 없다. 내 마음이 즐겁지 않기 때문일 것이다.

그러나 곰곰이 생각해보면 세월 탓도 있는 것 같다. 세월이 지남에 따라서 나도 많이 변했고 명절풍속도 많이 바뀐 까닭이다. 예전엔 설날이나 추석이 가까이 오면 얼마나 마음이 설레었는가. 설날과 추석은 일년 내내 기다려지는 즐거운 명절이었다. 객지에 나가 살던 형제자매들이 고향집으로 내려와 차례를 지내고 세배를 드리고 환담을 나누느라 고향집은 늘 시끌벅적했다.

그러나 점점 사회가 산업화되고 고향을 떠나 타향에 사는 이주 인구가 늘어나면서 고향은 옛날의 그 모습을 차차 잃게 되었다. 경제개발에 총력을 기울이는 상황에서 전통적 가치의 보존보다는 능률과 편의 위주로 모든 것이 개편된 까닭이다. 한가롭고 여유 있는 삶보다는 분주하고 역동적인 삶에 더 큰 가치를 부여한 까닭이다. 이제 와서 우리는 여유로운 삶의 가치를 다시 인식하게 되었다.

물론 사회적인 측면 말고 극히 사적인 변화가 명절의 모습을 바꾸기도 한다. 나의 경우 할아버지 할머니가 돌아가시면서 명절 분위기가 바뀌었다. 고향엔 덩그러니 할아버지 할머니 산소만 외롭고 서울 사촌 형님 댁에 모여 조촐하게 차례를 지내기 때문이다.

고향을 찾지 않는 명절은 이미 명절이 아니다. 도회지 한 구석 좁은 실내에서 차례를 지내고 둘러앉아 떡국 한 그릇씩 먹고 헤어지는 명절은 생리에 맞지 않는 것이다. 오래 익숙했던 과거와의 단절이며 전통의 급격한 붕괴였다. 수천만이 고향을 찾는 저 귀성 행렬에 끼어드는 것도 한 즐거움인데 그 기회를 완전히 잃고 만 것이다.

고향의 오솔길로 접어들며 어릴 적 추억을 떠올리는 일도 잃고 말았다. 여름이면 뒹굴며 지냈던 널찍한 대청마루, 여치 집을 만들고 손톱에 봉숭아물을 들이고 돗자리를 펴고 낮잠을 자기도 했던 사랑채 툇마루의 기억도 가물가물 잊혀져간다. 함께 자란 어린 시절 동무들을 오랜만에 만나 안부를 묻고 술 한 잔 기울이는 즐거움도 모두 옛일이 되었다.

형제들은 제각기 살기에 바빠 어렸을 때의 오붓한 정이 솟아나지 않는다. 못 사는 형제는 여전히 가난하고 형편이 좀 나은 형제도 덩달아 풀이 없다. 잠시 만나 연례행사처럼 차례를 올리고 속마음은 다 풀어놓지도 못한 채 서둘러 각자의 삶터로 다시 돌아가는 것이다. 어려운 형제는 하소연이라도 해보고 싶지만 어느 형제가 따뜻하게 귀 기울여 들으려고 하는가. 먹고 살만한 형제는 또 나름대로 씀씀이가 있으니 돕고 싶은 마음도 그저 마음일 뿐이니, 탓할 일만도 아닌 것이다.

장손은 딸만 셋 두었을 뿐이요, 어느 형제는 딸만 둘이요, 막내는 달랑 아들 하나만 데리고 왔으니 남자들이 만들어 놓은 가부장적 전통문화도 이젠 빛을 잃었다. 부귀다남을 기원하던 우리의 미풍약속도 이제 많이 퇴색하여 옛 얘기가 되었다.

제 각각 짝을 찾아 가정을 꾸렸으니 형제자매보다는 제 식구가 우선이지 않은가. 그 당연한 이치가 또 낯설기도 한 것이다. 형제지간의 오붓한 정은 오히려 소원해지고 각자 또 다른 추억 또 다른 역사를 만들어가기에 분주한 것이다. 이 과정에서 갈등의 소지도 없지 않아 혹자는 왕래조차 하지 않는다는 얘기도 종종 듣게 되지 않는가. 추억은 이렇게 세월이 지나면서 희석되고 희미해지기도 한다.

연로하신 부모님은 공경과 사랑의 큰 어르신이 아니라 자식들과 재산 경쟁을 벌이는 고집스런 노인들로 비춰지기도 하니 격세지감이라 아니할 수 없다. 돈이 없는 부모는 홀대하고 돈이 있는 부모에겐 효도를 가장하는 부도덕한 시대의 세태를 종종 듣기도 한다.

시대에 따라 가족의 문화도 효의 개념도 다소 차이가 있을 수 있으니 새로운 가족문화, 새로운 효 문화가 시대에 맞게 다시 정착되어야 한다. 아름다운 명절 풍속도 시대에 맞게 새로 마련되어야 한다. 어머니가 돌아가시고 장인어른이 유명을 달리 하시고 큰아버지가 또 세상을 떠나셨다. 인생무상이라 하더니 세상이 옛 모습 그대로 있는 것은 하나도 없다. 어머니가 돌아가신 이후로 4촌 큰형 댁으로 명절 쇠러 가는 일도 그만두었으니 명절이 더 쓸쓸하기만 하다.

이번 설날엔 연휴기간이 짧아 벌써부터 귀성길 귀경길이 혼잡할 것이라는 예상이다. 귀성길에 오르시는 모든 분들이 고향의 푸근한 인심과 가족들의 사랑을 한 아름씩 안고 삶의 터전으로 향하시길 기원한다. 부모님 기다리는 고향으로 달려가는 사람들이 부럽기만 하다.

한낮의 단상

점심식사를 마치고 사무실로 돌아와 잠시 휴식을 취하고 있다. 동료 교사들은 식사중이거나 수업 중인지 아무도 자리에 없다. 나는 조용히 막간을 이용하여 나를 생각해본다. 교직생활도 이제 꽤 많이 했구나. 1979년 봄에 교직에 들어섰으니 햇수로 벌써 30년이다. 동갑나기들은 대부분 30수 년 이상의 경력이다. 이런 저런 사유로 내가 교직에 늦게 입문한 까닭이다.

여덟 명이 사용하는 교무실을 낯선 듯 여기저기 바라본다. 난초분이 두 개, 하나는 아직도 화사한 꽃을 달고 있다. 선생님들 책상 위엔 저마다 최신 기종의 컴퓨터가 한 대씩 놓여 있다. 언젠가 태평양의 작은 섬나라 미크로네시아 아가씨와 인터넷으로 필담을 주고받다가 선생님들 책상마다 컴퓨터가 하나씩 놓여있다고 하니 매우 놀라고 흥미로워하던 기억이 난다.

그럴 것이다. 우리의 경제사정이 이제 많이 좋아졌고 우리나라를 부러워하는 외국인도 많을 것이다. 이제 앞뒤 가리지 않고 경제발전에만 매달릴 것이 아니라 문화선진국으로 나아가야 하지 않겠는가? 외국의 도움을 많이 받았으니 이제 우리도 외국에 도움을 주어야 하지 않겠는가? 경제적 삶의 질뿐만 아니라 환경적 도덕적 삶의 질도 향상시켜야 하지 않겠는가?

조용히 시선이 한쪽 모서리로 향한다. 거기 탁자 위에 놓인 커피포트며 커피 통, 식기건조함 속에 가지런히 놓여있는 컵들, 이 풍경만으로도 얼마나 풍요로운가? 커피를 마시고 싶을 때 한 잔씩 타서 마실 수 있는 것만으로도 윤택한 경제의 한 단면이 아닐 수 없다.

나는 수년 째 가뭄이 든 아프리카, 전쟁이 할퀴고 간 아프가니스탄이나 이라크의 황폐한 모습을 TV 화면으로 볼 때마다 안타까웠다. 우리도 이제 굶지는 않게 된 것일까. 실감이 나지 않는다. 내 청소년기 때만 하더라도 얼마나 쪼들렸던가? 부모님들은 우리를 먹이고 가르치기 위해서 피눈물 나는 고생을 하셨다. 그렇게 가난에 허덕이던 시절이 엊그제 같은데 이제 밥은 굶지 않게 되었으니 행복한 일이 아닐 수 없다.

나의 시선이 다시 한 책상의 책꽂이로 향한다. 콜린즈 코빌드(Collins Cobuild) 영영사전이 묵직하게 자리하고 있다. 책상 주인의 교양이 엿보인다. 몇 가지 영문 서적, 시집도 서너 권 있다. 김광규 시인의 최근 시집 '처음 만나던 때' 도 있다. 김광규 시인은 독문학자로 비판적 주지시를 쓰지 않는가. 엊그제 신문에 보도된 최근 시집이니 출판 정보를 낱낱이 파악하고 책을 선택하는 주인의 안목이 돋보인다.

소노 아야꼬 여사의 '중년이후' 가 책상주인의 삶의 연륜을 말해주고 있다. 천주교 서적과 불교 서적도 꽂혀 있어 주인의 폭넓은 관심사와 생활 철학을 엿볼 수 있다. 이렇듯 또 누가 내 책꽂이를 보기도 할 것이다. 그들의 느낌은 또 어떨까.

나는 아무래도 나의 직장과 직장 동료들에게 감사해야 할 것 같다. 이 직장, 이 사무실이 나를 얼마나 풍요롭게 하는가? 내 인생의 거의 전부를 투자한 나의 직장이 아닌가. 시간과 노력의 거의 전부를 나는 이 직장에 바쳤다. 동료와 함께 울고 함께 웃으며 살아온 삼십 년 세월이었다. 직장 생활로 인하여 나의 생활이 윤택하고 교우관계가 밝고 미래의 희망에 활력이 넘친다.

흔히들 직업엔 귀천이 없다고 한다. 성스럽지 않은 노동은 없을 것이다. 사회가 꼭 필요로 하는 일은 모두 성스럽고 아름답다. 나를 위한 일이기도 하지만 또 이웃을 위한 일이기 때문이다. 중년에 접어들어 어금니가 시큰거려 나는 몹시 고심했었다.

내 인생도 이제 서서히 내리막길을 간다는 생각이 들었다. 이빨마저 고장 나면 내가 좋아하던 음식마저 씹지 못할 것 같았다. 상심한 마음으로 치과엘 갔다. 치과의사는 전문가답게 내 고장 난 어금니를 진찰하고 적절한 치료를 해주었다. 몇 마디 조언도 덧붙였다. 병원 문을 나서며 나는 치과의사가 정말 고맙고 소중한 이웃이라는 걸 새삼 깨달았다.

세상의 모든 직업은 마찬가지일 것이다. 내가 하는 일도 이웃들에게 고맙고 소중한 일이다. 성실하게 이웃에게 봉사해야 한다. 그것은 곧 나를 풍요롭게 하는 길이고 사회에 봉사하고 국가에 충성하는 길이다. 동료들은 아직도 식사중이거나 수업 중인가보다. 점심시간은 아직도 넉넉히 남아 있다. 커피 한 잔을 타는데 양란이 옆에서 곱게 웃고 있다.

생명의 향기

종종 죽음에 대하여 생각해보는 것은 늘 주변에서 죽음을 접하게 되는 까닭이거나 이제 내가 그만큼 나이를 먹었기 때문일 것이다. 근래 들어 우리를 충격 속에 빠트리는 죽음을 더 자주 접하게 되는 것 같다. 그 사례를 들기도 전에 독자들은 금방 많은 경우를 이미 떠올릴 것이다. 그 죽음은 하나같이 충격적이다. 고층 건물에서 몸을 날리거나 한강에 투신하거나 목을 매는 등 섬뜩할 만큼 끔찍한 방법으로 그들은 목숨을 끊었다. 사회적으로 부와 명예를 다 가지고 있던 유명 인사들의 충격적인 죽음에 매스컴은 온통 난리법석을 떠는 것이다.

아무도 모르게 스스로 죽음을 택하는 사람은 또 얼마나 많을까. 종종 그 통계 수치를 알고 우리는 놀라움을 금치 못한다. 그러한 비극적인 죽음을 보면서 우리는 죽음에 대하여 자신도 모르게 왜곡된 인식을 갖게 되는 것은 아닐까. 죽음이란 무서운 것, 끔찍하고 비극적인 것이라는 지나치게 부정적인 인식 말이다.

조물주가 세상에 목숨을 낼 때는 그렇게 비극적이고 참혹한 결말을 예비하지는 않았을 것이다. 매우 합당한 목적과 과정을 마련하고 합리적이고 과학적인 바탕에서, 무엇보다도 사랑의 원리에 입각하여 세상의 모든 생명을 창조하지 않았을까. 그것은 들꽃의 한해살이를 살펴봐도 금방 알 수 있다. 겨우내 땅 속에서 씨앗으로 있다가 봄빛을 받아 발아하고 자라, 꽃을 피우고 씨앗을 맺는 일련의 과정을 생각해보라. 얼마나 아름다운 생명의 발현이며 순환인가.

하물며 인간에게 목숨을 부여하였을 때는 얼마나 더 심혈을 기울여 탄생부터 죽음까지의 전 과정을 용의주도하게 계획하고 설계하였겠는

가. 목숨을 창조한 조물주의 의도대로 살면 죽음이 그렇게 끔찍하고 공포에 가득 찬 것으로 나타나고 비춰질 리가 없다. 그런 성스러운 뜻을 어기고 욕심으로 얼룩진 삶을 살려다가 결국엔 자신의 길을 잃고 헤매다가 스스로 비극적인 죽음을 자초하는지도 모른다.

세상엔 비통한 죽음도 많지만 자연스럽고 평화로운 죽음도 많다. 양심에 부끄럽지 않게 살다가 천수를 다 하고 잠이 들듯이, 혹은 낙엽이 사뿐 가지에서 떨어져 내리듯이 맞이하는 죽음은 얼마나 아름다운가. 죽음이 있기 때문에 삶이 더 아름답고 소중하다. 삶과 죽음은 불가분의 관계에 있다. 삶이 아름다우면 죽음이 아름답고 성스러운 죽음을 맞이하려면 성스러운 삶을 살아야 한다.

4백여 년 전 미라와 함께, 한 지아비의 죽음을 애통해하는 한 지어미의 절절한 슬픔이 담긴 편지가 발견되어 큰 감동을 안겨준 적이 있다. 옛날이건 오늘이건 이렇게 비통한 감정을 유발하는 죽음은 하나같이 천수를 다 하지 못하고 질병이나 불의의 사고로 목숨을 잃는 경우이다. 부여받은 목숨을 다 하지 못하고 죽을 때 그것은 비통한 감정을 불러일으키고 상대적 박탈감과 죄의식까지 유발하게 된다. 한 사람의 죽음으로 인해 남은 사람이 겪는 고통이 심각할 수도 있다. 심리적 고통뿐만 아니라 경제적 손실이 막중하여 일대 혼란을 초래하기도 한다. 죽음이, 특히 자살이 고통을 해소시키는 게 아니라 오히려 가중시킨다는 것은 전문가의 말을 통해 익히 알고 있는 사실이다. 더 많은 고통을 만들어낸다는 것이다.

많은 종교가 죽음의 문제를 다루고 해법을 제시하고 있지만 나는 그 해법의 실마리를 굳이 종교나 철학적 명제에서 찾기보다 천수를 다 하고 평화롭게 죽음을 맞이하는 보통의 사람들에게서 찾고 싶다. 욕심 없이 하늘의 뜻에 따라 소박하게 살다가 자연의 순리에 따라 맞이하는 죽음은 아름답고 평화롭다.

명예욕, 권력욕에 사로잡힌다면 그것은 행복한 삶을 위해 큰 도움이 되지 못할 것이다. 그 욕심 자체를 무시할 수는 없다. 다만 나와 남을 해칠 만큼, 지나치게 도를 벗어나 추구하는 데에 불건전한 요소가 잠재되어 있는 것이다. 열심히 추구하여 권력과 부를 얻었다면 합당하게 그것을 관리하고 사용하는 것이 조물주의 뜻에 맞는 삶의 방식일 것이다.

그런 건강한 삶 속에 건강한 죽음 또한 깃들게 될 것이다. 죽음은 개인적인 일이기도 하지만, 삶이 그렇듯이 많은 주변 사람들과 공유되어 있다. 삶을 영위할 때 우리는 많은 사람과 관계를 맺으며 살고 있다. 많은 이에게 영향을 주고 많은 이로부터 영향을 받는다. 우리는 행복과 불행을 공유하고 기쁨과 슬픔을 서로 나누며 살고 있다. 우리의 삶을 소중하게 가꾸어야 하고 함부로 할 수 없는 까닭도 여기에 있다.

죽음도 마찬가지다. 창조주가 의도하지 않은 죽음을 택할 때 나를 파괴할 뿐만 아니라 그 여파는 주변으로 번져 많은 이에게 상처와 고통을 안겨주고 원망과 지탄의 대상이 되기도 한다. 본인에겐 물론 주변의 많은 이에게 피해를 주고 해야 할 책임을 다 못한 것이 된다.

생명은 생명 그 자체로 성스럽다. 그 생명을 끝까지 수호할 책임이 우리에게 있다. 스스로 목숨을 버려야 할 정도의 절박한 상황에 이르지 않도록 대처해야 한다. 자연계의 모든 생명체를 보라. 그들은 모두 자연스럽게 탄생과 죽음을 받아들이고 일정한 질서를 이루어 생명을 영위하고 있다. 슬픔이거나 고통 속에 사는 것이 아니라 숭고한 자연의 법칙과 엄숙한 생명의 원리에 따라 사는 것이다.

인간이 개입된 환경 파괴가 무질서를 초래하고 생태계를 교란시켜 비로소 비극적인 삶과 죽음을 빚어내고 있다. 우리는 곧잘 일회적인 삶을 언급한다. 우주 공간에서 나의 생명은 유일무이한 존재다. 고귀한 생명을 소홀히 다루는 것은 죄악이다. 스스로 감당하지 못할 상황을 만들어 불행한 삶, 불행한 죽음을 초래하지 말고 하늘로부터 부여받은 소중한 생명의 가치를 온전하게 되찾아야 한다. 되찾아 내 존재가치를 세상에 기쁘게 드러내고 보존하다가 조물주의 섭리에 따라 자연스럽게 그 생명을 다시 내놓아야 할 것이다.

노후예감

노후가 아름다울 것 같다. 순전히 예감이다. 내가 아직 노년의 나이에 들어선 것은 아니지만 종종 그런 예감이 든다. 내가 제일 마음의 안정을 찾았다고 느끼기 시작한 것이 50대 중반에 들어서다.

10대 적을 회상하여 보는 때가 있다. 사랑과 우정의 숨 막히는 변주곡이라 할까. 꿈과 희망의 시절임엔 틀림없다. 그 꿈과 희망의 행간에 우정과 사랑은 실로 장엄하게 펼쳐졌던 오케스트라였다. 그 시절 나는 우정과 사랑을 앓고 철학과 문학에 심취했다. 장차 톨스토이도 될 수 있고 소크라테스도 될 수 있고 프란체스코 같은 성인도 될 수 있을 것 같은 기세였다.

현실세계에 대한 경험은 부족하고 오로지 책을 통해 미래를 전망하고 꿈을 설정하던 미숙한 시절이었다. 이 시절에 맺어진 우정, 좋아했던 이성, 그리고 내가 받아들인 신앙은 내 인생의 귀중한 방향 설정이었다. 그 우정을 바탕으로 전우애, 동료애를 발전시키며 삶의 영역을 확대해왔다.

사랑도 마찬가지다. 이 시절 한 여학생에 대한 사랑은 나를 정신적으로 많이 성장시켰으며 열여섯 살에 입교한 가톨릭 신앙은 내 인생의 고비 고비마다 판단의 준거를 제시하고 나아갈 방향을 알려주었다.

그 시절 내 천주교 입교는 어머니가 독실한 신자가 되는 계기가 됐고 아내가 입교하고 아이들이 모태신앙으로 천주교를 받아들이는 계기가 되었다. 우리 가정이 천주교 가정이 된 것은 소년시절 내 천주교 입교가 그 시작이다.

그렇지만 나의 십대 적이 결코 행복했던 시절로만 기억되지는 않는다. 객지생활로 인한 아버지의 부재가 내게 많은 갈등을 안겨주었으며 공부에 대한 압박감에도 시달렸다. 연애도 짝사랑에 그치고 말았다. 열렬하게 짝사랑을 한 것도 행복한 일일 수 있다. 그러나 청춘만이 할 수 있고 해야 하는 연애라는 특권을 온당하게 누리지 못했다는 아쉬움은 남는다.

20대 적의 나의 삶도 갈팡질팡 고삐 풀린 망아지처럼 허둥대고 말았다. 대학과 군대와 이성에 대한 관심으로 종횡무진 시행착오를 거듭했던 시절이었다. 사랑도 학문도 매끄럽게 성취하지 못한 채 아쉽게 지나간 시절이 되고 말았다.

모든 시행착오를 마치고 사회로 진출한 것이 30대다. 30대 초반 교직에 들어갔으며 결혼을 했다. 그러나 당시 사립학교 교사의 신분은 보장되지 않았으며 몇 번 시행착오의 과정을 겪고서야 비로소 교직생활 안정기에 접어들었다. 그러나 잦은 음주와 흡연으로 주변은 어수선했고 아내와의 결혼생활도 자주 충돌을 빚곤 했다.

30대 중반 글을 쓰기로 한 후 새로운 변화가 찾아왔다. 30대 후반에 시집을 출판하고 문단에 입문하여 문인들과 교유하기 시작했다. 사춘기 적 꿈의 한 자락을 다시 붙잡은 것이다.

40이 되었을 때 나는 무엇인가 새로운 인생을 살아야 할 것 같았다. 불혹의 나이를 들먹이며 새로운 정진을 다짐했지만 뚜렷한 전환점을 맞이할 수는 없었다. 불혹의 나이를 넘어서며 화두는 시였다. 좋은 시를 쓰고 싶었다. 주로 인천의 문인들과 어울리며 문학과 인생을 논하고 술에 탐닉하던 시절이었다. 한 십여 년 완전히 술과 문학에 빠져 지낸 생활이었다.

40대 후반 쌍둥이 딸들이 중학교에 들어가는 시점에 어머니가 돌아가셨다. 어머니의 임종은 내게 큰 충격을 안겨주었다. 평생을 함께 하실 것으로 알던 어머니가 짧은 기간 병상에 계시다가 돌아가셨다. 나는 걷잡을 수 없는 후회와 사모의 정을 담아 추모시집을 출판하고 기회 있을 때마다 어머니 산소로 달려갔지만 돌아가신 어머니는 말씀이 없으셨다.

하지만 어머니만 생각하고 있을 수는 없었다. 부양해야 할 가족이 있고 충실해야 할 직장이 있지 않은가. 어머니 돌아가시던 해 낳은 늦둥이 딸의 재롱을 보며 어머니에 대한 그리움을 삭힐 수 있었으니 하느님은 어머니를 부르시며 딸을 대신 보내주시어 나를 위로하신 것 아닌가.

바쁜 일상은 계속되었다. 쌍둥이 딸이 중학교 고등학교를 거쳐 대학에 들어가는 과정에서 많은 스트레스를 겪었다. 딸의 교육문제로 아내와 충돌하는가 하면 다른 집 아이들과 성적을 비교하며 비애를 느끼기도 했다. 학부모에겐 개성이니 뭐니 하며 이해하는 태도를 보이던 내가 내 자식 성적표 앞에서는 수없이 무너져 내렸으니 이 또한 우리 교육이 안고 있는 문제점이 아닌가.

이제 50대 후반, 요새 나는 내 인생에 잔잔한 안정기를 조심스럽게 점쳐보고 있다. 아이들도 별 탈 없이 저희들 개성과 재주를 살려 각자 직장생활에 충실하고 넉넉하지는 않아도 굶지는 않게 되었으니 걱정을 덜었다는 생각을 한다. 젊은 시절엔 어떻게 밥을 굶지 않느냐가 큰 관심사였다. 짓누르는 부담이었다. 이제 그런 걱정에서 조금 자유로워진 것도 노후의 평안을 점쳐보는 이유 중 하나다.

늦둥이의 학업문제로 또 속상하는 일이 있을까 우려되지만 노심초사 않기로 했다. 부모의 마음은 또 그렇지 않다는 걸 알지만 근심 걱정한다고 수월하게 해결될 일도 아니지 않는가. 남에게 많이 빠지지 않으면 그저 고맙게 생각하리라.

이제 옛날을 떠올리며 글도 쓰고 자연 속에서 삶의 지혜도 배우고 여건이 허락하면 국내외여행을 다니며 다양한 삶의 모습을 보고 들을 것이다.

아직은 해야 할 책무가 있다. 정년이 몇 해 남았으니 유종의 미를 거두어야 한다. 아이들의 혼사도 남은 과제 아닌가. 이 문제도 여유롭게 신뢰를 가지고 지켜볼 것이다. 모든 일이 부모의 욕심대로 되는 것이 아니지 않는가.

체력을 다지고 취미 생활을 하는 것도 중요하다. 좋은 글을 써서 공감을 얻는다면 흐뭇한 일일 텐데. 글쓰기 역시 노후에 해야 할 중요한 과제중 하나다. 나는 아니라고 해도 남들은 내가 초로에 접어들었다고 할 것이다. 노후를 즐겁게 보내도록 준비해야 한다. 노년이 축복의 시기임을 체험하려고 나는 여러모로 노력할 것이다.

노후설계

반장으로 뽑히나 안 뽑히나 가슴이 조마조마했던 초등학교 시절 반장선거 때의 정경이 엊그제의 일만 같은데 벌써 60이 불원하다. 사무치는 연정에 편지를 띄워놓고 날이면 날마다 답장 오기를 학수고대하던 여리고 순진하던 나의 사춘기, 주체할 길 없는 그리움에 무작정 길을 걸으면, 연두색 물감으로 색칠한 듯 멀리 파릇한 풍경을 만들며 봄을 알려오던 동구 밖 버드나무, 이 모두가 엊그제의 일만 같은데 벌써 나이가 이렇게 되었다.

그동안 지내온 세월을 나는 모두 손금을 보듯 들여다볼 수 있을 것 같다, 아니 그렇게 들여다보인다. 대학 새내기 시절, 명동의 지하 학사주점에서 호기를 부리며 낭만을 구가하던 일도, 그 시절의 데모 행렬도 어제 일 같고, 군에 입대해 이십팔 주 고된 훈련받던 모습이며, 훈련이 끝나고 군모에 빛나는 하사관 계급장이 달려지던 일도 손에 잡힐 듯 어제의 일만 같다. 군복무를 마치고 만학을 하느라 삼십 무렵까지 대학 캠퍼스를 오가던 일이며 졸업 후 잠시 제약회사에 몸담았다가 그만두고 곧장 교단으로 가 십대의 젊은이와 함께 생활해 왔으니, 나의 마음은 어쩌면 지금도 세상 물정 모르고 새파랗게 젊기만 한 것인지도 모른다.

그러나 이젠 나이 먹었음을 부인할 수도 없다. 시절이 좋아서 날로 평균수명이 늘어나고 노년의 개념도 예전과는 다르다 하지만, 마냥 내가 젊다고 물불 안 가리고 앞으로 나설 수도 없는 것이다. 벌써 나를 보자마자 단번에 나의 나이를 짐작해내곤 그에 걸맞게 나를 대하려는 시선들은 도처에 있는 것이다. 이쯤에서 나이를 정직하게 바라보고 차후

생활의 자세를 궁리하여 보는 것이 순리가 되기도 할 것이다. 그것이 과욕을 덜어내는 것이 되고 노욕을 방지하는 방편이 되기도 할 것이다.

나이를 먹었다고 해서 왜 욕심이 없으며 의욕이 없을 것인가. 다만 그 나이에 걸맞게 품위를 지켜가며, 나이에 알맞게 의욕을 갖는 것이 젊은이들과 조화를 이루는 길이 될 것이다. 다양한 욕구가 있겠지만 건강하게 천수를 살고 싶은 욕망이 우선 고개를 들 것이다. 노후를 대비하여 젊은 날부터 조금씩 준비를 해왔고 힘에 부친 대로 자식들 교육도 시켜놓았으니 그 책임에서도 이제 벗어날 나이인 것이다. 이제 한시름 놓고 어떻게 건강하고 유익하게 노후를 보낼 것인가에 마음 쏠리는 것도 자연스러운 것이다. 각자 나름대로 사정이 있고 고충이 있음을 감안하더라도 그 연령대의 공통분모는 또 찾아질 것이다.

이제 자식들에게 저희들 경제는 맡겨놓고 손자손녀 학업도 앞질러 노심초사 하지 말고 저희들에게 맡겨놓고, 오히려 방해가 되지 않도록 일정거리 떨어져 지지 격려하는 차원이면 족하지 않을까. 내 건강, 내 능력에 맞게 취미를 찾아 즐기고 보람을 가꾸어 가는 것이 자식들에게 짐을 덜어주는 것이 될 것이다. 그저 내 생활은 소홀히 하고 자식들 문제에 여전히 얽매어 있다는 것은 딱한 노릇이 아닐 수 없다. 일생을 자식들 건사하기에 모든 노력을 다 기울여 왔으니 그럴 개연성을 부인할 수도 없겠으나 노년에 이르러서는 벗어나서 자신에게 시간과 노력을 투자하는 게 상호 편하고 바람직하지 않을까.

나는 이제 50대 후반이다. 가끔 자각이 들면 벌써 내가 이 나이가 되었구나 하고 회한에 젖기도 하지만 아직은 노년에 접어들었다는 생각을 하지는 않는다. 그래 항상 나는 아직 젊고 건강하다, 혹은 마음은 아직도 새파랗다고 젊음을 확인해보다가도 종종 난관에 부딪치기도 한다. 내가 늙었다는 것보다는 내가 살아온 지난 세월이 이미 늙었다는 자각이다. 그런 자각이 들 때는 내가 쉰 세대(?)라는 생각을 꼼짝없이 하고 만다.

내가 10대 적에 무슨 책을 보았고 어떤 팝송에 몰두하였는지, 어떤 꿈을 품고 있었는지 엊그제의 일처럼 떠올라 마음은 그대로 그 시절에 사는 것 같아도 이미 그 시절은 까마득한 옛날인 것이다. 젊은이들의 관점에서 보면 호랑이 담배 먹던 시절쯤으로 인식이 될 터이다. 그러니 아무리 내가 늙지 않은 것 같고 시대 환경에 잘 적응하고 있는 것 같아도 벌써 나는 구세대에 속하고 옛날 사고방식에 젖어 살고 있는 것이다. 요새 십대 아이들의 생활습성이나 놀이문화의 양상을 보면 그만 격세지감을 느끼지 않을 수 없다. 쉽게 동화될 수 없음을 깨달아 긴 세월의 간극을 절실하게 느끼게 되는 것이다.

인간이 사회적 동물이라서 그런가. 우리는 개인적인 면보다는 속한 집단, 속한 세대, 그리고 겪어온 역사 속에서 평가되어 그 위치가 결정되는 것도 보통이다. 즉 사회 전체의 맥락 속에서 내가 평가받고 규정되고 바라다보이게 되는 것이다. 그러니 독불장군처럼 나 혼자 젊다고 고집할 수만도 없다. 내가 거쳐 온 옛 학창시절, 결혼하던 당시의 풍속도가 내 안에 그대로 각인되어 나를 비춰내고 있으니 젊은이는 나의 연륜을 감지하곤 자기들과는 다른 삶의 주인공임을 즉시 구별해 낼 것이다. 이것을 편견이라고 거부하거나 무시할 수 있을까.

젊은이들을 탓하고 예의범절도, 전통가치도 모르는 세대라고 분개라도 해야 할 것인가. 그만큼 나는 나도 모르게 옛날 관습, 그 가치관, 그 타성에 젖어 있다. 비로소 내가 젊은 것이 아니라 이 사회 속에서 이미 늙은 세대에 편입되어 있음을 인정할 수밖에 없다. 아무리 컴퓨터에 능하고 휴대폰의 기능을 잘 활용한다 해도 내가 젊은 세대와 같을 수 없고 쉽게 동화될 수 없는 이유다. 나는 이미 속속들이 옛날의 정치, 경제 문화적 환경 속에 상당 부분 동화되어 있게 마련이다. 이미 세상은 다음 세대에게 상당부분 넘어가 있고 그 다음 세대가 또 만반의 태세를 하고 대기하고 있다.

이런 기반과 자각 위에 노후 설계도 해야 하지 않을까. 아무리 돈이 있어도 아무리 높은 지위에 있었어도 우리는 이미 지나간 세대로 분류되고 만다. 자, 이제 어떻게 할 것인가. 젊은이들 하자는 대로 내맡기고 양보하면 지혜로운 것인가? 젊은 세대를 꾸짖고 비판하고 내 생각을 고집하는 게 권위를 세우는 것인가? 모든 일이 다 그러하듯 중요한 것은 조화를 이루어 내는 것이다. 나의 행보를 건강하고 의연하게 유지하되 젊은 세대의 입장도 고려해야 한다. 내가 살아온 세월을 긍정하고 거기서 얻은 지혜를 소중하게 간직하며 실천하고 전수하되 마찰이 없어야 할 것이다.

권위는 노인들 스스로 찾아야 한다. 나는 칠팔십 대의 노시인들이 자신의 삶을 반추하며 솔직하게 삶을 회고하고 담백하게 심정을 토로하는 글에 깊은 감동을 받는다. 그분들은 바로 우리가 가야할 길을 앞서 걸으며 풍부한 체험으로 이미 터득한 지혜의 횃불을 높이 받쳐 들고 계신 것이 아닌가. 우리는 그 환한 선대의 불빛 아래 새로운 길을 모색하고 전진하며 기쁨과 평화를 찾아 나설 수 있는 것이다.

아무도 늙음을 피할 수는 없다. 노년을 축복으로 받아들이는 것은 개인의 역량에 달려 있는 일이기도 하다. 비관에 젖어 한탄하며 시간을 허비해선 안 된다. 의연하게 목표를 세워 기쁨과 행복을 추구해야 한다. 사람이 늙는 것은 지극히 보편적이고 자연스러운 일이 아닌가. 마음먹기에 따라 노년은 아름답기도 하고 추하기도 할 것이다. 노년의 문제가 남의 일이 아니라 바로 나의 일임을 자각하면서 관련 서적을 몇 권 펼쳐보기도 했다. 그러나 책은 참고가 될 뿐 그 책에 맞춰 나의 노후를 설계할 수는 없다. 나의 체험, 나의 능력, 나의 개성에 맞게 노후 설계를 해야 한다.

한편 나는 벌써 오십대이긴 하지만 또한 이제 겨우 오십대이기도 한 것이다. 아직 직장생활도 몇 해 더 해야 하고 자식들 출가시켜야 할 일도 남아있고 늦둥이가 이제 중학교에 입학하니 아무래도 노년을 생각해보는 게 얼토당토않고 억지로라도 저만치 밀어두어야 할 입장이다. 혹시 이 글을 선배 어르신들께서 보신다면 치기어린 후배의 두서없는 문장에 따끔하게 일침을 놓아주시고, 좋은 지침 되도록 충고의 말씀 해주시기 바란다.

오진

퇴근하니 아내가 컴퓨터 앞에 앉아 있다.

"여보, 이거 어떻게 열어?"

아내가 켜놓은 컴퓨터 화면을 들여다보니 거기엔 여러 가지 폐질환이 일목요연하게 정리되어 있었다. 그중에 '폐 섬유화증' 이라는 병명을 가리키며 어떻게 알아볼 수 있느냐고 물었다. 나는 의자를 넘겨받아 폐 섬유화증을 검색하기 시작했다. 의외로 관련정보가 부족하다는 것을 느끼며 여기저기 검색을 해보았다. 여러 대학병원 호흡기 내과도 들러보고 이곳저곳 포털 사이트를 옮겨가며 두 시간 가까이 확인한 것은 그 질환의 예후가 매우 좋지 않고 확실한 치료법이 없으며 반수 이상의 경우에 호흡곤란으로 5년 내 사망한다는 충격적인 내용이었다.

아내에게 캐물었더니 자초지종을 얘기했다. 저번에 A대학병원 건강강좌를 들으러 갔다가 무료로 폐 검사를 해준다고 해서 폐 CT 촬영을 했다고 한다. 그 결과가 오늘 나왔는데 의사의 소견이 폐 섬유화증이라는 것이다. 나는 반신반의하면서도 몰려드는 불안을 떨쳐낼 수가 없었다. 아내에게 잘 해주고 많은 사랑을 주어온 것도 아닌데 너무도 당황스러워 형언키 어려운 심정이었다. 갑자기 아내가 불쌍하다는 생각과 함께 아이들 걱정이 밀물처럼 밀어닥치는 것이다. 이튿날 수능 시험 종사자로 근무하면서도 세 번이나 아내에게 문자메시지를 보냈는데 대답이 없다.

저녁 무렵 다시 전화를 했더니 시장에 가서 배추를 사가지고 막 집에 왔단다. 목소리가 평소보다 씩씩하다. 평소에도 침착한 아내가 일부러 더 침착하려 한 게 아닌가 하는 생각에 오히려 마음이 더 불안해지는 것이다. 시험이 끝나고 집에 오니 아내가 밝게 웃는다. 나는 초조하고 걱정이 되어 몇 번이나 다시 의사가 했다는 말에 대해 물어보고 그동안 몸에 이상증세는 없는지를 물어보았다. 설마 그 희귀하고 무섭다는 '폐 섬유화증' 이겠느냐며 억지로 태연한 척하는 내 말에 아내는 힘없는 목소리로 "맞대" 한다.

맞다구? 그럼 의사는 확신을 가지고 그런 말을 했단 말인가. 폐 섬유화증 확진을 받은 환자들의 평균생존율이 5년이라는 그 무서운 질병이 확실하다는 말인가? 나는 아내에게 다그치듯 말했다. 다른 대학병원에 가서 다시 정밀검사를 해보자. 돈이야 아무리 들어가도 건강이 최고니까 빨리 다른 대학병원에 가서 정밀검사를 해보자고 했다. 아내는 겉으로는 태연하고 침착한 척 했다. 먹구름 같은 것이 마음속으로 밀려왔다. 그동안 내가 겪은 시련이 얼마인데 이게 또 다른 시련의 시작이 아닌지 불안한 마음을 떨쳐버릴 수가 없었다.

의사가 입원해서 정밀검사를 받아봐야 한다고 했다니까 불길한 예감에 사로잡히기엔 아직 이르다 하면서도, 나이 지긋한 의사라면 수많은 환자를 진찰하고 치료해왔을 텐데 설마 터무니없는 오진을 했을 것 같지는 않았다. 순간 하느님께서 내게 무엇을 원하시는가 하는 생각이 들었다. 어떤 시련을 또 내려주시어 어느 길로 나를 이끌려 하시는가 하는 생각과 함께 조용히 하느님의 뜻에 따르리란 성급한 생각이 떠오르는 것이다.

결국 아내는 내 간곡한 부탁을 받아들여 부평 B대학병원에 예약을 했단다. 아내를 사랑할 줄 모르는 내게 하느님의 징벌이 내리는 건 아닌가? 아내를 사랑하라는 하느님의 계시인가? 침착하게 마음먹자 다짐도 해본다. 아내는 아직 그 심각성을 모르고 있는 걸까? 안다 해도 어떻게 할 도리가 없는 것인가? 정밀검사를 받아봐야 알겠지만 인터넷으로 검색해본 바로는 심각한 것에 틀림없다. 아내에게 그동안 얼마나 무심하게 살아왔는지 절실하게 깨달았다. 아내를 무시하는 말도 수없이 해왔지 않았나. 잘못을 뉘우치라는 하느님의 계시인가? 이제부터라도 아내를 사랑하라는 하느님의 엄명인가?

나에게 어떤 시련이 더 남았다는 것인가? 몰려드는 불안감을 떨쳐버릴 수가 없었다. 아내는 B대학병원에 다녀왔는데 A병원에서 찍은 CT 촬영 사진을 가지고 월요일에 다시 오라고 했단다. 나는 혼잣말처럼 속으로 뇌었다. 용기를 가져야한다. 현대의술을 믿어야한다. 아내는 회복하여 건강하게 살 수 있을 것이다. 반드시 그럴 것이다. 최선을 다한 다음 하느님께 맡겨드리자. 사람의 힘만으로 무엇을 어떻게 할 수 있단 말인가. 모든 것은 하느님의 계획에 따를 수밖에….

초조한 날들이었다. 월요일 아내는 먼저 찍은 CT 촬영 사진을 들고 다시 한 번 정밀검진을 받기 위해 B대학병원엘 갔다. 낮 12시에 예약이란다. 출근하자마자 전화를 했다. 아내는 다시 침대에 누워있다고 했다. 피로하기 때문인가? 아내의 일거수일투족이 예사롭게 보이질 않는다. 모두 그 폐질환과 연관이 있는 것처럼 보일 뿐이다. 아내는 별 증상을 못 느끼겠다며 오히려 느긋한데 나는 계속 인터넷 자료를 검색해보며 초조해 하는 것이다. 그러다가 한 대학병원 호흡기 내과 홈페이지에서 초기에 치료하면 완치에 가깝게 치료될 수 있다는 내용이 무슨 구원의 메시지처럼 뇌리에 새겨지기도 하는 것이다.

다시 아내에게 전화를 했다. 조금 이따 전화하겠다는 답변이었다. 아마 막 의사와 면담을 마치고 나와 경황이 없는 듯했다. 점심식사 중에 전화가 왔다. 아내의 전화임을 알았지만 받지 않고 식사를 마치고 조용한 곳으로 가 전화를 했다. 아내의 첫 목소리에 생기가 실려 있다. 아내는 차분하게 의사 면담결과를 얘기해 주었다. A대학병원 의사보다는 더 자세하게 심각하지 않은 어투로 설명해 주었단다. 조금 뭔가 보이기는 하는데 그러다가 또 없어지기도 한다고. 혹시 섬유화증 초기인지 여부는 더 검사를 해봐야 안다고. 당장 입원할 필요는 없다고….

그리고 피검사를 하기 위해 채혈을 했는데 30여 가지 검사를 더 해야 한다고 했단다. 검사 비용만도 30만원인데 본인부담은 16만원이라고 했다. "아, 당신 참 위대해." 갑자기 아내가 참 위대하다는 생각이 들었다. 희망의 서광이 비치는 것 같았다. 세상에 이럴 수가!

며칠 동안 나는 얼마나 불안과 초조의 날을 보냈던가. 아내에 대한 그런 속 깊은 정이 내게 있었던가. 아내의 자리가 이렇게 큰 것인 줄은 미처 깨닫지 못했다. 겹겹이 밀려들던 절망감을 생각하면 10년 감수했다는 표현이 맞을 것이다.

초겨울에 김장을 하고 매일 반찬을 준비하고 아침밥을 챙겨주고 빨래하고 청소하는 아내의 손길이 참으로 위대하다는 생각이 들었다. 만약에 아내가 회복하지 못하는 질병이 확실하다면 어찌할 뻔했는가. 나의 상상력은 훨훨 날개를 달고 참으로 비참한 지경까지 날아갔던 것이다. 이제 초등학교 6학년짜리 막내딸 뒷바라지 문제, 스물다섯 쌍둥이 딸들의 결혼 문제, 그 아이들에게 엄마가 없다는 상황을 가정할 때 안겨들던 비통스러운 감정은 얼마나 마음을 짓눌렀던가.

"제발 당신 오래 살아야 돼. 오래 살아 저 아이들의 엄마로 저 아이들이 낳은 아이들의 외할머니로 역할을 다 해서 아이들에게 설움 남겨주지 말아야 돼."

의사의 말 한마디가 이렇게 무겁게 마음을 짓누를 줄은 몰랐다. 이제 마음은 한결 가벼워졌지만 아직도 안심할 수는 없다. 건강이 얼마나 중요한 지 깨닫는 순간이었다. 부모의 건강이 가족 구성원들에게 어떤 영향을 끼치는지 절실하게 깨닫는 계기가 되었다. 아이들의 건강은 또 어떻겠는가. 가족이라는 울타리가 소중하고 그 책임이 또 막중한 것을 절실히 깨달았다. 집에 와서 아내의 얘기를 들었다. 아내가 다소 신바람이 나서 자초지종을 얘기한다. 나도 감동적으로 듣는다. 아내도 건강의 중요성을 깨달은 눈치다. 운동을 해야겠다는 생각을 털어놓기도 한다.

고맙다. 결혼 후 아내가 고생을 한 것을 나는 잘 안다. 나의 사랑을 제대로 받지도 못하고…. 나의 술버릇이 얼마나 아내를 힘들게 했을까. 전혀 이상이 없다는 의사의 소견을 들을 때까지 아직은 안심할 수 없다. 건강을 잃어봐야 건강의 소중함을 안다는 말이 맞는가보다. 건강은 건강할 때 지키자는 말도 와 닿는다. 그 후 한 달쯤 지나 나는 다시 아내를 채근했다. 아직도 안심이 안 되니 다시 한 번 정밀검사를 해보자고. 그래 C대학병원 호흡기내과에 예약을 하고 검사를 받았다. 한 달여 동안 여러 번 병원을 왕래하며 다시 정밀검사를 하고 의사와 면담을 했다.

결과는 양호하다는 것이었다. 호흡기엔 큰문제가 없고 식도염으로 식도가 많이 부어있다며 처방전을 발급해주었단다. 이제 안심해도 될 것 같은 생각이 든다. 의사의 한 마디가 환자를 얼마나 불안에 빠트리는지 절실하게 깨달았다. 엉뚱한 일로 한바탕 소동을 벌이면서 나는 아내에 대한 소중함과 고마움을 비로소 깨달은 것 같다. 귀중한 경험을 한 셈이다. "여보, 당신 참 위대해!" 라는 말이 나도 모르게 입속에 맴돌았다.

내면의 아름다움

늦둥이 막내딸이 학교 가기 전 거울 앞에 오래 머물러 있다. 밥 먹으라는 소리에도 듣는 둥 마는 둥 제 머리 가꾸기에 여념이 없다. 거듭된 제 엄마의 밥 먹으란 소리에 불쾌하다는 듯 빽 소리를 지르는 것이다. 저 퉁명스러운 것이 버릇이라도 되면 어쩌랴싶어 노파심에 한 마디 했다. "얘, 엄마가 밥 먹으라고 하면 예, 하고 빨리 와야지, 그렇게 소릴 지르면 어떡하니?" 하고 핀잔을 주었다.

분명 우리 딸만의 얘기는 아닐 것이다. 다른 부모들도 다 겪는 얘기일 것이다. 우리 클 때하고 요새 아이들은 분명 다르다. 생활환경이 다르고 사고방식이 다르고 가치기준도 다르다. 내 자식이라도 나하고는 영 딴판이니 여간 다루기 힘든 게 아니다. 은근히 걱정이 된다. 책읽기보다는 컴퓨터와 텔레비전에 매달려 연예인들의 입담에나 정신을 파는 딸을 볼 때 어떻게 제 앞가림을 하게 될지 걱정이 앞선다.

딸아이의 행동 하나하나가 모두 현대문명과 사회조류의 영향을 받아 비롯된 것일 테니 내가 아무리 근심하고 걱정한들 쉽게 해결될 문제가 아니라는 걸 나는 안다. 이미 세상이 옛날 내 학창 시절 방식대로 가고 있지 않다는 걸 나는 절감하지 않는가? 딸아이는 나의 잔소리가 싫은가보다. 내가 아무리 잔소리를 해도 딸아이는 자기 방식을 고집할 것 같다. 조금이라도 더 평판 좋은 대학에 입학시키고 싶은 것도 옛날 사고방식에서 비롯된 내 아집인지 모른다.

요새는 분명 외모가 중시되는 풍조가 만연해 있다. 성형의학과 경제력과 인간의 욕구가 빚은 결과일 것이다. 문제는 내면의 아름다움을 가꾸기보다 외적인 아름다움에 지나치게 집착하는 것이다. 그런 풍조가 아이들에게 부정적 결과를 초래할 것 같아 걱정이 된다.

내가 중학교 3학년 때였다. 하루는 아이들이 영어선생님께 짓궂은 질문을 했다. 우리 반에서 누가 제일 잘 생겼냐는 질문이었다. 사춘기 아이들에게 외모는 그 당시에도 민감한 문제였다. 우리는 물을 끼얹은 듯 조용한 가운데 선생님의 답변을 기다렸다. 한참을 생각하는 듯싶더니 선생님은 '안민기' 하고 한 마디 하시는 것이 아닌가. 그때 교실 분위기가 어땠는지 지금은 기억나지 않는다. 다만 내게 몹시 서운하고 실망스러운 생각이 들었던 것만은 분명히 기억한다.

아마 친구들 모두 그런 생각이 들지 않았을까? '안민기' 는 물론 체격도 크고 늘씬하고 얼굴도 호남 형으로 잘 생겼다. 목소리도 부드럽고 성격도 착해 누구나 다 좋아하는 친구였다. 친구들이 평소에 그걸 다 인정하고 있었어도 막상 선생님이 누구의 이름을 부를까 기다리는 순간만큼은 아마 모두 가슴이 두근거렸을 것이다. 내 이름이 불리지 않을까 하는 일말의 기대를 간직한 채 말이다. 그리고 그때 우리 반 아이들은 비로소 자기의 외모에 처음으로 한계를 느꼈지 않았을까?

타고난 외모를 성형으로 바꿀 수 있는 시절도 아니었다. 그래도 우리는 열심히 우리의 타고난 재주 타고난 개성을 가꿀 수 있었다. 민기보다 못한 외모였지만 민기 못지않은 큰 꿈을 꾸면서 실력과 체력을 열심히 가꾸어 어떤 친구는 국가 대표 체조선수가 되었고 어떤 친구는 법과대학 학장이 되었다. 외모보다 내면의 아름다움을 가꾼 결과다.

민기는 그렇게 누구나 좋아할 그런 잘 생긴 외모를 가지고 있었지만 공부는 게을리 했다. 그야말로 민기가 공부까지 열심히 했더라면 금상첨화였을 것이다. 민기는 그 후 서울에 있는 고등학교에 진학했다. 그 동안 어떻게 세상을 살아왔을까? 가끔 민기 생각이 난다.

아무리 성형수술을 하고 화려하게 의상을 갖춰 입는다 해도 역시 한계는 있게 마련이다. 다른 방법이 있을 리 없다. 아무리 고급 승용차를 타고 다녀도 그건 마찬가지다. 오직 한 가지, 내면을 닦는 길뿐이다. 한 교육학자는 정직하고 약속을 지키고 책임을 다하며 배려하는 마음이 나를 풍요롭게 하고 세상을 밝게 하는 길이라고 정 · 약 · 책 · 배를 일러주기도 한다.

외적인 아름다움은 금세 싫증이 나도 내적인 아름다움은 오래 향기를 뿜는다. 외적인 아름다움은 잠시 눈을 즐겁게 할지 몰라도 오래 우리의 마음을 기쁘고 행복하게 하지는 못한다. 세상이 온통 성형으로 화장술로 자신을 꾸미는데 혈안이 되어 있는 것 같아도 역시 고결한 인성을 가꾸고 교양을 쌓는 지혜로운 사람도 많다. 마음이 아름다운 사람은 친구를 즐겁게 하고 가정을 평화롭게 하고 직장과 사회를 따뜻하고 행복하게 해준다.

땀으로 뒤범벅이 되어 그라운드를 누비는 운동선수에게서 우리는 무한한 아름다움과 매력을 느낀다. 봉사의 현장에서 구슬땀을 흘리는 사람에게서 브라운관을 통해 각광을 받는 사람들보다 더한 사랑과 신뢰를 느끼는 것이다. 연구실에서 집필실에서 모든 열정을 연구와 창작활동에 쏟아 붓는 사람들에게서 온갖 장식으로 가꾼 외모에서 우러나는 것보다 더 진한 아름다움을 느끼게 된다.

얼른 보아 그 외모가 그저 수수하고 평범하기만 하여 눈에 띄지 않다가도 그가 어느 분야의 전문가라는 것을 알았을 때 그에 대한 이미지는 금세 달라진다. 우리는 그에게서 삶에 대한 성실한 자세와 본받아야 할 장점을 발견한다.

외모를 가꾸는 것보다 내면의 아름다움을 가꾸는 것은 더 많은 노력과 시간을 요하는 일이다. 평면적인 아름다움보다 입체적이고 종합적인 아름다움을 가꾸는 것이다. 외적인 아름다움이 가변적인 아름다움이라면 내면적 아름다움은 항구적인 아름다움이다. 외모만 아름다운 여성과의 대화는 금방 싫증이 나지만 마음이 아름답고 교양 있는 여성과의 대화는 오래 즐겁다고 한 수필가는 썼다. 외적인 것보다 내면이 아름다운 사람이 오래 우리의 마음을 훈훈하게 해준다.

어디서부터 접근해야 할지 난감하지만 나는 딸의 마음을 이해하려고 노력하고 있다. 차분하게 공부 열심히 해서 학교에서 칭찬받고 주위로부터 부러움을 사는 딸이 되었으면 좋겠지만 이기적인 생각 같기도 하다. 손에서 핸드폰을 놓지 않고 책상에 앉아서도 수없이 울려대는 핸드폰 문자에 일일이 답변을 해대는 딸을 보면 난감해진다. 한 시간만 컴퓨터 게임을 한다고 하고서 두 시간 세 시간이 넘도록 놓지 못하는 딸이 나하고는 전혀 다른 세상에 살고 있는 것만 같다. 딸의 개성이 어떻게 피어날까? 일단 신뢰해야 할 것 같다. 일일이 딸에게 시시비비를 따지지 않고 조금 떨어져 객관적으로 바라보는 것도 지혜가 아닐까?

제3부

세모만필

세모만필

해마다 세모가 되면 나는 한 해를 돌아보고 새해 설계를 하곤 했다. 옛날 중학교 때 일이다. 중학교 1학년이 거의 끝나고 2학년으로 올라가기 전 연말이었다. 어떤 동기에서 그랬는지 기억에 없지만 내년에는 꼭 학급에서 일등을 해 보아야겠다 하고 혼자 마음으로 다짐을 한 일이 있었다. 그런데 그해 비록 1등은 아니었지만 2등을 했던 것이다. 그 후 나는 이 일을 두고 새해의 다짐과 그 결과물 사이에 어떤 상관관계가 있었던 게 아닐까 지금까지도 자못 재미있는 기억으로 여기고 있다.

그 후로 해마다 연말이 다가오면 제일 먼저 일기장을 준비하는 것이 연례행사처럼 되었다. 일 년 내내 일기를 쓰며 나의 독서 경험을 기록하고 꿈을 확인하고 이성에 대한 관심을 기록하기도 했다. 이 일은 나중에 내가 성인이 되어 시와 산문을 쓰게 되었을 때 상당히 귀중한 밑거름이 되었다.

또 이런 일도 있었다. 노총각 시절이었는데 새해에는 꼭 결혼을 해야 되겠다 하고 다짐을 했는데 신기하게도 그 약속이 이루어져 노총각을 면하고 가정을 꾸리게 된 일이다. 이런 것을 가리켜 피그말리온 효과라고 할 것이다. 그러나 이런 새해의 다짐도 불혹의 나이가 지나고 지천명의 나이를 넘기면서는 흐지부지 되었는데, 아마 잡다한 세상사로 인하여 나의 꿈이 많이 좌절을 겪은 때문인지도 모른다.

그래 연말이 오거나 새해가 되어도 구체적인 계획을 세우지 않은 것이 근 십 년은 되었을 것이다. 허겁지겁 아이들 뒷바라지에 신경 쓰고 경제문제에 매달려 노심초사했을 뿐이다. 그 사이 벌써 나이를 먹어 오십 후반에 들었으니 이제 어쩌겠는가. 그런데 세모가 가까운 요즈음 뜻밖에 내 마음에 어떤 변화가 오는 것을 감지했다.

가만히 보니 옛날 젊었을 때와 같이 지나간 한 해에 대한 반성과 다가오는 새해에 대한 다짐 같은 것이 아닌가. 모처럼 나 자신의 재발견이라 할까. 한편 신선하기까지 하다. 곰곰이 심사숙고하여 새해의 다짐을 세워보는 것이 아니라 자연스럽게 어떤 다짐 같은 것이 마음속에 자리 잡고 들어앉는 것이 아닌가. 저절로 들어와 자리하는 새해의 다짐을 마다할 이유가 없다. 그래 오랜만에 모처럼 나는 다시 새해의 다짐을 세워보았다.

우선 새해에는 욕심을 버리기로 한 것이다. 이런저런 잡다한 욕심에 찌들었음을 부인할 수 없다. 내가 유별나게 욕심을 부리며 살아왔다는 얘기는 아니다. 박봉의 교사로 서민 아파트에 살면서 항상 부족을 느끼며 살아왔을 뿐이다. 새삼 욕심을 부리지 않겠다는 것이 오히려 생소할 뿐이다. 그러나 가만히 들여다보면 내 마음에도 많은 욕심과 불만이 가득 차 있음을 부인할 수 없다. 이제 그런 거 떨쳐버리고 마음을 좀 비우겠다는 뜻이다. 안분지족이란 말이 적절할지 모른다.

먼저 나는 항상 작가의 꿈을 안고 살아왔는데 이젠 유명한 작가가 되겠다고 하기보다는 진실하고 소박한 작품을 써야겠다는 생각을 했다. 하루 종일 근무하고 퇴근하면 파김치가 되는 생활인데 유명한 작가가 되겠다는 꿈을 계속 갖는다면 아무래도 그것은 욕심이 될 것이다. 그것은 실현될 수 없는 과욕이 될 것이다. 그래 분수에 맞게 꿈을 낮추어 조절하겠다는 것이다. 내 주변에서 일어나는 작고 아름다운 것을 진실하고 소박하게 쓰고 싶은 것이다. 그렇다고 오랫동안 간직했던 꿈을 이제 내려놓겠다는 것이 아니다. 가장 알맞은 높이에 나의 꿈을 다시 걸겠다는 것이다.

경제적인 욕심도 버릴 작정이다. 평생을 교직에 몸담고 박봉을 쪼개어 살아왔으면서 아직도 경제적 여유를 바란다면 그것이 격에 어울리지 않을 것은 자명하다. 간신히 연명하다시피 지내왔으면서 큰 부자 될 꿈을 버리지 못하고 있다면 미련한 짓이 되기도 할 것이다. 아무리 노력해도 벌 수 없는 상황이라면 그 꿈을 조금 낮추는 것도 지혜가 되지 않겠는가.

마음 한 구석에 계속 돈 욕심을 가지고 있었음을 부인할 수 없다. 돈을 벌려면 돈을 벌 수 있는 세상으로 나가야 한다. 박봉으로 살아가면서 거기에 맞춰 만족하지 않고 마음속에 욕심만 가지고 있다면 그것도 좋은 처세는 아닐 것이다. 이제부터는 돈보다는 다른 것에서 성취감을 느끼며 살아야겠다.

주변에 보면 주식을 사고 혹은 집을 팔아 전셋집으로 옮겨 다니며 아파트 분양을 신청해서 더러 성공한 분들도 있다. 물론 나는 한 번도 그렇게 해본 적이 없다. 우직하게 서민아파트에 눌러 살았고 단 한 번도 주식을 사본 적이 없다. 그래 돈을 벌지도 못했지만 돈을 잃지도 않았으니 손해는 아닌 것이다. 집을 팔아 주식을 샀다가 급기야 집까지 날리고 빈 털털이가 된 동료도 있으니 말이다.

나는 가끔 이제 밥이야 굶지 않겠지 하고 생각하게 된 것을 퍽 다행으로 생각한다. 아마 우리 세대가 다 가난하던 시절을 살았던 세대라 그럴 것이다. 그러면서도 가족 중에 누가 병이라도 나면 금세 휘청거릴 것 같은 위기감을 아직 다 떨쳐버린 것은 아니다. 그래도 젊었을 때보다는 다소 나으니 새해에는 돈에 대한 욕심은 좀 덜어내고 살고 싶은 것이다.

그리고 또 하나 자연스럽게 떠오르는 생각이 있다. 바로 어떤 경우에라도 학생들을 사랑으로 대하자는 것이다. 이것이 내가 명년에 실천하고 싶은 또 하나 좌우명 같은 것이다. 물론 초지일관 실천할 수 있을지는 미지수다. 적지 않은 연륜을 교직에 있으면서 시행착오도 많았고 감정을 폭발시켜 본분을 망각한 적도 있었다.

아이들의 수업태도나 생활태도가 거슬릴 때면 욕설이 튀어나오기도 하고 체벌을 가하기도 했다. 그러고 나서 이래서는 안 되겠다는 자각이 드는 것이다. 학생들의 마음의 행간을 읽지 못했기 때문일 것이다. 내 청소년 시절의 잣대로 요즘 학생들을 바라보기 때문이기도 할 것이다. 교수방법을 연구하고 학습 동기를 유발시킬 방법을 강구했어야 했다.

어떤 새로운 전환점이 있어야 할 것 같았다. 정년도 몇 해 안 남았는데 유종의 미를 거두려면 어떤 새로운 대책이 있어야 할 것 같았다. 그것이 무엇일까. 어렴풋이 떠오르는 생각이 있었는데 바로 학생들을 사랑하자는 것이었다. 소란을 피우는 아이들, 잠만 자는 학생들, 성적이 나쁜 아이들 모두를 사랑하자는 것이다. 절대 아이들에게 화를 내지 말고 체벌을 가하지 말고 책임을 아이들에게 전가하지 말고 사랑으로 대하자.

그러려면 아이들을 이해해야 하고 인내심을 가져야 한다. 화나는 일이 있어도 모욕감을 느끼게 될 때라도 그 원인을 내게서 찾고 학생들에게 책임을 돌리지 말자는 것이다. 학생들을 진정으로 이해하고 사랑하여 훈훈한 사제의 정을 나누면서 교육에 임하자고 다짐을 해보는 것이다. 여러 번 시행착오를 겪을 것이 분명하다. 그래도 꼭 한번 노력해보고 싶다. 안 되더라도 계속 노력해볼 것이다.

옛날에 읽은 신문의 가십 기사가 잊히지 않는다. 미국에서 한 선생님이 담임을 했던 아이들이 한결같이 사회적으로 크게 성공하는 사례가 있어 한 기자가 수소문하여 그 선생님을 찾아가 교육방법을 물었다는 것이다. 여자 선생님이었는데 그 선생님 대답은 의외로 간단하더라는 것이다. 바로 자기는 학생들 하나하나를 모두 사랑으로 대했을 뿐이었다는 것이다.

이 짤막한 신문 가십기사가 왜 오래도록 잊히지 않는지 모르겠다. 요새 그 분의 말이 새롭게 다가오는 것은 내가 그 동안의 교육 경험에서 절실하게 느꼈기 때문이다. 식물이 수분과 온도와 햇빛이 있어야 잘 자라듯이 교육에서는 사랑이 그와 같다. 충분한 사랑을 받을 때 아이들은 몸과 마음이 건강한 사람으로 자란다.

한동안 새해가 와도 특별한 계획이나 다짐 없이 지내다가 올 연말엔 거의 자연발생적으로 두 가지 생각이 떠올라 적어보았다. 시행착오를 겪더라도 포기하지 않고 꾸준히 노력해서 욕심을 좀 덜어내고 안분지족의 여유로운 마음으로 살아볼 작정이다. 또 아이들을 진정으로 이해하여 감정을 폭발시키거나 책임을 아이들에게 떠넘기지 않을 작정이다. 이것이 잘 실천된다면 교직생활의 작은 보람 혹은 결실이 되기도 할 것이다.

실패와 도전

'실패와 도전' 이라고 제목을 붙이고 보니 성공한 어느 기업가나 정치가의 인생역정처럼 거창하게 들린다. 그러나 평범한 사람도 끊임없는 실패와 도전으로 삶을 영위하고 있는 것이 아닌가. 그래 '내 살아온 이야기를 글로 쓰면 소설 몇 권이 될 것이다.' 라는 말이 속담처럼 인구에 회자되고 있는 것이다.

그것은 내 경우에도 해당된다. 내 최초의 실패는 아버지의 부재가 원인이었다. 아버지는 내가 태어나기 전부터 객지생활로 일관하였기 때문이다. 물론 할아버지의 극진한 사랑을 받고 성장하였으니 아버지의 부재는 결국 가까스로 성공적으로 극복된 셈이다.

다음은 사회적 개체로서 독립하는 단계에서의 실패다. 사회적 존재로서 독립하는데 필수적인 요소가 사랑과 우정이라고 할 수 있다. 친구들을 많이 사귀었으니 우정에는 성공했는데 이성 친구를 사귀는 데는 항상 좌절하였으니 실패라 할 것이다.

사춘기부터 시작된 사랑의 문제는 군대를 마치고 만학을 하던 20대 후반까지 해결을 보지 못하고 나를 고민에 빠트렸다. 30대 초반 우여곡절 끝에 천생의 배필을 만나 가정을 꾸렸으니 이 또한 좌절을 딛고 일어선 성공사례라 할 수 있을 것이다.

대학도 실패와 도전의 풍랑을 겪고서야 졸업할 수 있었다. 소위 명문사학에 입학했다가 중퇴하고 국문학을 공부하려다 다시 영문학으로 진로를 바꾼 후에야 졸업을 했으니 평탄한 대학생활일 리가 없다.

실패는 또 직장 문제에까지 이어졌다. 희망하는 언론계로 진출하지 못했으니 실패요, 제약회사 영업사원으로 몇 개월 다니다가 그만 두었으니 이 또한 판단의 오류가 아니겠는가. 사립학교에 근무하다가 사직하는 등 우여곡절을 여러 번 겪은 후에야 마침내 교직에 정착한 과정도 실패와 도전, 도전과 실패의 연속이었다.

인생은 실로 끊임없는 도전과 실패요, 실패와 도전의 연속이다. 어떤 실패가 또 나를 짓누르기도 할 것이고 도전과 시행착오는 계속되리라. 다만 지금까지 그래왔듯 최선을 다하는 곳에 새로운 길은 항상 열릴 것임을 믿고 있다. 정년을 맞이할 때나 아니면 그 후에라도 어느 시점에 인생을 되돌아보며 그래도 나의 인생은 성공적이었다고 생각하게 된다면 고맙고 즐거운 일이 아니겠는가. 실패는 항상 따르게 마련인 숙명인지 모른다. 그러나 실패에 좌절하지 않고 일어나 다시 도전하는 것은 그 어떤 성공 못지않게 값질 것이다.

천직

오랫동안 교직에 몸담아왔으니 이젠 내 평생의 직업이 교육자가 되었다. 그런데 어린 시절에 나는 무엇이 되겠다는 생각이 없었다. 초등학교 내내 커서 무엇이 되겠다는 생각을 해본 적이 없다. 그러다가 중학교 2학년 무렵 읍내에 있는 공공 도서관에 가서 '돼지 기르기' 에 관련된 책을 흥미롭게 읽으며 장차 양돈이나 양계를 하겠다는 생각을 했다. 그 후 사춘기에 접어들면서 한 여학생에게 관심을 갖게 되면서부터 나는 책 읽는 습관을 갖게 되었다. 문학서적, 철학서적을 읽고 위인전을 읽으면서 나도 자연스럽게 꿈을 갖게 되었다.

그런데 그 꿈이 지금 생각하면 황당하기 이를 데 없다. 페스탈로치 같은 교육자, 슈바이처 같은 박애주의자, 소크라테스나 플라톤과 같은 철학자, 덴마크의 달가스나 그룬트비그 같은 개척자의 삶을 동경했던 것이다. 뿐만 아니라 타고르, 바이런, 하이네와 같은 시인, 간디와 톨스토이 같은 사상가, 드골과 링컨 같은 정치가, 성 프란체스코 같은 종교적 인물, 스피노자, 니체와 같은 철학자를 모델로 설정했다.

경제적 자립을 위해서 구체적으로 어떤 직업을 가져야겠다는 생각이 없었다. 나의 꿈은 사상적인 것, 문학적인 것, 철학적인 것에 집중되었으며 자아완성이라는 철학적 명제가 지상과제였다. 돈을 벌어야 한다든가 어떤 지위에 오른다던가 하는 것은 세속적인 것으로 생각했다. 경제적인 것은 내 삶에 자연스럽게 수반될 것으로 자신하고 있었다.

집이 풍족해서 그랬던 것은 아니다. 우리 집은 가난했다. 가난을 뼈저리게 체험하며 살았다면 장차 돈을 벌어야겠다는 꿈도 꾸었을 법한데 나는 목축이나 양돈 같은 축산업을 잠시 꿈꾸었을 뿐 회사원, 교사,

혹은 공무원 등 구체적인 직업을 생각해보지 않았던 것은 어디에 연유하는 것일까.

아마 내 낙천적 기질 때문이었을지도 모른다. 아니면 내가 낳고 자란 농촌 환경이 경제적 풍요를 추구하는 도시적 삶과는 무관하여 소박하게 사는 습성에 익숙했던 까닭인지도 모른다. 말하자면 돈을 벌어 큰 부자가 되겠다는 목적의식이 부족하고 거기에 불을 댕길 어떤 자극도 받지 못한 데 기인했는지도 모른다. 나의 청소년 시기 때 우리나라는 새마을운동과 경제개발계획을 수립하여 잘 살아보기 위해 온 국민이 총력을 경주하던 시절이었다. 공과대학에 대한 인기는 날로 치솟고 기술자에 대한 사회적 인식도 날로 높아만 가던 시절이었다.

그런데 나는 왜 구체적인 장래 직업을 설정하지 않았을까. 아버지는 가족을 고향에 남겨두고 늘 혼자 객지생활을 했다. 옆에서 자식들의 생계를 위해서 고군분투하는 아버지의 모습을 지켜볼 기회가 없었던 것도 내가 구체적 직업을 꿈꾸지 못하게 한 까닭이었는지도 모른다. 고향에서 할아버지는 머슴을 두고 농사를 지으셨다. 재래적인 논농사와 밭농사가 전부였다. 나는 농업을 구체적인 직업으로 인식하지 않았다. 직업이라기보다는 타고나서 숙명적으로 해야 하는 일상생활이라고 여겼을 뿐이다.

나의 미래는 오로지 사상적으로 도덕적으로 완성된 사람이 되는 것이었다. 한 때 사관학교에 입학해서 드골과 같은 멋진 정치가가 되고 싶다는 꿈을 가져보기도 했지만 나의 관심은 곧 다시 어학과 인문학 쪽으로 돌아왔다. 결국 고등학교 2학년 무렵 나는 나의 일기장 한 페이지에 '시인이 되자' 하고 자신에게 선언을 했던 것이다. 그러나 시인이 되기 위해 어떤 구체적인 노력을 기울인 것은 아니다.

국문학과 입학을 필두로 나는 새로운 환경에 부딪치기 시작했다. 산업화 진행 과정의 한 복판, 도시적 삶의 한 복판에 내던져졌다고 하는 편이 옳을 것이다. 안온한 고향을 떠나 황량한 도시의 한복판에 내던져진 것이다. 고모부의 주벽으로 가난한 영세민에 불과했던 고모님 댁에 얹혀서 나의 고단한 서울 생활은 시작되었다. 포근한 고향의 품속에서 낭만을 추구하며 가꾸던 자아완성의 꿈은 각박한 현실에 직면하여 여지없이 파괴되고 말았다. 시골 촌뜨기는 그때서야 서서히 현실을 직시하기 시작한 것이다.

국문학과에 진학했지만 정작 나의 관심은 외국문화와 외국어에 있었다. 이 잘못된 방향 설정을 바로 잡는데 또 많은 시간을 할애해야 했다. 나의 독서 취향과 관심 분야도 한국적인 것에 있기보다는 너무도 서구 지향적이었다. 철학도, 종교도, 역사도, 문학도 모두 서양의 것만을 으뜸으로 쳤고 동양과 한국적인 모든 학문과 예술엔 무관심한 태도를 가졌다.

상품도 미제라면 선망의 대상이었으며 노래마저도 팝송에 심취하여 국악이나 국내가요는 진부한 것으로 생각했다. 당시 서양의 문물이 물밀듯이 밀려들어오는 게 아니라 소나기처럼 퍼붓고 있다고 나는 느꼈다. 당시의 시대 상황이 그랬다. 많은 젊은이들은 이렇듯 서양문물을 흠모하며 비판 없이 받아들이고 있었다.

일제강점기와 해방과 한국전쟁이 가져온 민족 정체성의 혼돈 때문이었다. 나는 가끔 당시 우리 사회가 젊은이들에게 비전을 제시해주지 못했다고 생각한다. 빈부의 격차, 독재정치, 산업화의 확산, 전통 가족 제도의 붕괴 등으로 민족의 정체성이 대혼란을 겪고 있었기 때문이다. 결국 나는 장래에 대한 구체적 목표 없이 국문과를 중퇴하고 영문과에 다시 입학하는 우여곡절을 겪었다.

그러다가 25세 늦은 나이에 군에 입대했지만 군대에서조차 제대하면 농촌에 정착하겠다는 막연한 생각을 했다. 군이라는 특수상황에서 나는 시대를 잘못 읽고 있었다. 당시의 농촌은 젊은이가 꿈을 펼치기엔 너무 열악한 여건이었다. 실제로 고향에서 목축업과 양계에 종사하던 상당수의 친구들이 후일 파산에 이르는 것을 지켜보게 되었다. 나는 제대를 하고 학교를 졸업하고 직업을 갖기 위해 회사 문을 두드렸다. 건설회사도 좋고 언론기관도 좋고 제약회사도 좋았다. 회사는 다 유사할 것이라는 유아적 발상이었다. 순전히 호구지책의 일환이기도 했다.

나의 능력은 외국어능력이 전부였다. 구체적인 기술을 요하는 직종과는 거리가 멀었다. 방송국이나 신문사를 염두에 두었지만 이미 내 나이는 응시자격 제한 연령을 넘은 상태였다. 그래 입사한 곳이 제약회사였다. 젊음이 있는 한 무슨 일을 못하랴 생각했다. 그러나 몇 개월이 지났을 때 회의가 생겼다. 내근도 아니고 내 전공인 영어를 활용할 수 있는 직종도 아니었기 때문이다. 영업사원으로 병원과 약국을 찾아다니며 온갖 수단을 동원하여 조금이라도 더 약품 판매 실적을 올려야 하는 생활에 결코 만족할 수 없었다.

결단을 내렸다. 사표를 내고 모교의 주임교수님을 찾아간 것이 계기가 되어 나는 교직에 몸담게 되었다. 교직은 청소년 시절 나의 꿈이 아니었다. 교사가 되겠다고 마음먹은 적이 없었다. 고등학교 때 영어선생님이 교사를 하지 않더라도 교직과목은 이수해 놓는 게 좋다는 충고의 말씀으로 교사자격증을 따놓았을 뿐이었다. 운명이 나도 모르게 나를 서서히 교단으로 이끌었다는 게 맞는 표현일 것이다.

제약회사를 그만두고 교단에 섰을 때 아주 편안하고 흡족한 기분이 들었다. 내가 전공한 분야를 활용하는 데서 오는 자신감과 자부감이 충만했다. 결국 나는 청소년기에 한 번도 꿈꾸지 않았던 직업에 평생을 몸 담아온 셈이다.

나는 가끔 이런 생각을 해본다. 어려서부터 비행사가 되겠다는 꿈을 안고 착실하게 밟아나간다면 얼마나 멋진 일일까? 어려서부터 국악인, 요리사, 컴퓨터 전문가, 화가와 같은 전문가의 꿈을 확고히 설정하고 그 꿈의 실현을 위해 꾸준히 노력한다면 얼마나 즐거운 일일까? 그렇다면 소질도 효과적으로 개발할 수 있고 시행착오로 인한 방황과 갈등을 겪지 않을 수도 있다. 마땅히 그래야 한다고 본다. 내가 겪은 혼란을 돌이켜보며 일찍 자신의 능력과 소질을 파악하여 거기에 매진하다면 얼마나 좋을까 하고 생각할 때가 있다.

나는 옛날을 생각하면서 시인이 되자고 다짐하던 것과 영문학으로 전공을 바꾼 것이 나의 선견지명이었음을 이제 깨닫기도 한다. 그 두 가지는 현재까지도 유효하다. 내 인생의 소중한 두 줄기를 이루고 있기 때문이다. 영어는 평생 경제활동과 사회봉사의 수단이 되고 있고 국제문화에 대한 이해와 교류의 가교역할을 톡톡히 해오고 있다. 또 시는 나의 사상과 감정을 가장 효율적으로 표현하는 도구가 되어주고 있다. 영어 전문가로 혹은 시인으로 크게 성공하진 못했더라도 그 효용성과 값어치는 충분히 입증되고 있다.

이제 지천명의 나이도 한참 지나 나의 어린 시절과 청소년기를 되돌아본다. 구체적으로 현실적 직업에 대해서 꿈을 갖지 않았던 순수했던 시골뜨기가 어떻게 현실을 헤쳐 살아왔던가. 철학과 사상과 문학이라는 현실과는 동떨어진 명제를 안고 씨름하던 철부지의 꿈은 내 인생에 전혀 소득 없는 공허한 것에 불과했던가. 돈과 권력과 명예라는 현실적 가치를 추구했다면 인생이 한결 보람 있었을까.

지금은 어떤 결론도 내릴 단계가 아니다. 나는 아직 현역으로 직업일선에서 활동하고 있으며 내 앞에는 지금도 많은 과제가 남아있기 때문이다. 그러나 미루어 생각하건데 나의 청소년기의 명제였던 자아완성이라는 목표는 내 인생의 귀중한 방향설정이었으며 나는 지금까지 상당부분 그 방향을 따라 살아왔음을 부인할 수 없다.

정의, 인도주의, 박애사상, 민주주의, 개척정신, 기독교 신앙, 인문학의 힘에 대한 신념은 현실적인 직업 추구보다도 더 소중한 내 인생의 가치 기준이 되어왔다. 이러한 나의 체험을 지금 젊은이들에게 곧이곧대로 가르칠 수는 없다. 시대가 엄청나게 변했기 때문이다. 지금의 청소년들이 미래를 어떻게 대비하고 있는지 낱낱이 알 수는 없다. 옛날보다는 훨씬 더 효율적으로 부와 권력, 사랑과 행복을 추구하고 있지 않을까.

그러나 같은 직종의 종사자라 하더라도 천태만상의 사람들이 있듯이 직업 이전에 갖추어야 할 기본 인격의 틀은 청소년시기를 거치는 동안 반드시 갖추어져야 한다. 그것은 직업선택 이전에 인생을 행복하고 보람 있게 살기 위해 갖추어야 할 소중한 기본덕목이기 때문이다.

댓글문화 소고(小考)

수업을 하다가 아이들이 장난을 하고 떠들면 나는 곧잘 "얘들아, 저쪽 동네 지방방송 꺼라" 하고 수업을 이어가곤 했다. 아마 그때는 그만큼 라디오가 생활과 밀접하여 그런 말이 생겨났을 것이다. 그러면 아이들도 곧 알아듣고 자세를 바로 하여 수업에 임했다.

근래 접어들어선 수업 중에 아이들이 엉뚱한 발언을 하여 분위기를 깨트리거나 엉뚱한 질문이라도 해오면 나는 "얘들아 ~ 악플 달지 말자" 한 마디 던져 수업 분위기를 바로 잡는다. 물론 아이들은 재미있어 죽겠다는 반응이다. 나이 지긋한 선생이 뜻밖에도 저희들 전용어일 것 같은 인터넷 은어를 구사하는 것에 대한 반가움의 표시일 수도 있고 의외성에 놀랐다는 반응이기도 할 것이다.

그러고 보면 인터넷에 댓글을 다는 것이 그 수단과 방법이 다를 뿐이지 옛날에도 어떤 말이나 글에 반응을 하고 대꾸를 하는 것은 통상 있었지 않았나 싶다. 의사소통의 자연스러운 한 양식이었던 셈이다. 말이나 글 속엔 의미가 있고 감정이 내포되어 있어서 접하게 되면 그것이 우리의 마음을 자극하게 되고 곧 어떤 반응을 보이게 된다. 행복하게 느꼈다면 행복한 반응을, 분노를 느꼈다면 분노의 반응을 보일 것이다.

댓글 문화도 바로 그런 반응의 현대적 형태인 것이다. 그 반응에 따라 당사자는 또 희비애락의 감정을 맛보기도 할 것 아닌가. 나는 댓글 달기를 좋아하는 편은 아닌데 어쩌다 인터넷 매체에서 우연히 다른 사람들의 댓글을 보게 되면 너무 원색적이고 즉흥적이라는 생각이 들 때가 있다.

얼마 전에 모 연예인이 자살을 한 후에 인터넷 댓글 문화가 논란을 불러일으킨 적이 있다. 꼭 악의적 댓글이 그의 죽음과 어떤 관련이 있는지 확실하지는 않다 하더라도 논란의 여지는 충분히 있다.

언어는 살아 있는 유기체다. 말과 글 속엔 한 사람의 혼이 담겨 있다. 여러 가지 감정도 담겨 있다. 혼과 감정이 담겨 있다면 곧 그 사람 자신인 것이다. 무수한 사람들로부터 악의적 댓글 세례를 받는다면 그것은 무자비한 폭력과 다를 게 없다. 동시에 수십 수백 명으로부터 몰매를 맞는 것과 같다. 그 충격이 얼마나 클 것인가.

언어엔 또 주술성이 있다고 하지 않는가. 죽은 자와 산자를 연결하기 위해 저승의 혼령까지도 불러들이는 무당의 주술과도 같은 힘이 언어 속에 있다는 것 아닌가. 댓글에다 그런 악의적 주문을 무차별적으로 담아놓는다면 그 당사자는 자기를 해치려는 무서운 적에 둘러싸인 기분 아니겠는가.

아직 건전한 인터넷 문화가 정착이 안 된 초기 단계라 그럴지 모른다. 또 옛날 그리스나 로마 시대에도 악은 있었고 백 년 이백 년 후에도 악은 여전히 존재할 것이라며 이런 사람도 있고 저런 사람도 있겠지 하고 대수롭게 생각하지 않을 수도 있다. 인간은 죄를 짓게 되어있는 존재고, 범죄는 인류의 역사와 함께 하는 것이다 하고 편리하게 생각해 넘길 수도 있다.

그러나 인류역사에도 부정부패가 더욱 만연되어 있던 때가 있었고 태평성대를 구가하던 때도 있었다는 것을 상기한다면 밝은 사회를 위해 올바른 댓글 문화를 만들어가는 것도 전적으로 우리들의 몫이 아닐까. 상대방을 배려하는 따뜻한 사회가 인터넷 매체에서도 정착되기를 기대해 본다.

볼펜 한 자루

내 책상 서랍과 연필꽂이에 볼펜이 한 개, 두 개, 세 개, 네 개, 다섯, 여섯, 일곱, 여덟… 나는 저 볼펜들을 볼 때 흐뭇하거나 기분이 유쾌한 것이 아니다. 오히려 뭔가 안타깝고 아까운 생각이 먼저 든다. 저 볼펜들을 다 써서 소비할 수 있다면 그것은 더 없이 좋은 알뜰한 생활이 될 것이다. 그러나 그 동안 나는 볼펜 한 자루가 어떻게 우리에게 와서, 어떻게 사용되다가 어떤 과정을 거쳐 수명을 다 하게 되는지를 직접 체험하기도 하고 주위에서 많이 보기도 했다.

내 어렸을 때 얘기를 지금 하면 사람들은 얼토당토않은 얘기를 꺼낸다고 할 것이다. 그러나 물자가 흔해지고 생활 여건이 나아졌다고 해서 물건을 함부로 낭비하고 소홀히 대한다는 것은 전혀 칭송받을 미덕도 아니고 지혜로운 경제생활도 아니다. 내 어렸을 때는 볼펜이 없었다. 초등학교 내내 연필만 사용했다. 품질이 좋지 않아 연필 칼로 깎으려면 연필이 쭉 쪼개져 볼품없이 연필심이 드러나기도 하고 너무 흐려서 침을 발라 꾹꾹 눌러 써야 하는 불편을 감수해야 했다.

중학교에 올라가서도 사정은 나아지지 않았다. 수학은 여전히 연필을 사용했지만 기타과목 필기는 당연히 펜을 사용하는 것으로 알았던 터였다. 그래 잉크병을 좁은 책상 위에 올려놓고 매끄럽지도 않은 까칠까칠한 펜으로 꼬불꼬불한 영어와 복잡한 한자를 써내려갔던 그 불편을 요즘 학생들은 알 까닭이 없다. 그러다가 잉크병이 넘어져 가방이며 책, 공책에 커다란 잉크 얼룩을 만들어가지고 다니던 기억이 바로 엊그제의 일만 같다. 가끔 교복, 특히 하복에도 잉크를 쏟거나 묻혀서 그 얼룩을 빼느라 애를 먹곤 했다.

그러다가 시판되는 국산 볼펜을 사용하기 시작한 것이 고등학생이 된 이후였다. 책상 위에 잉크병을 올려놓고 펜으로 잉크를 찍어서 사용해야 하는 불편이 없어진 것이다. 처음 볼펜을 사용할 때는 볼펜을 매우 소중하게 다뤘다. 처음부터 끝까지 다 써야 새 것을 구입하는 것은 물론 볼펜심만 따로 사서 갈아 끼우는 식으로 절약을 했다. 그렇게 학창을 보냈으니 요즈음 모습과는 비교할 수가 없을지 모른다.

요새는 다양한 용도의 볼펜이 생산 보급되고 있다. 국산뿐 아니라 외국 제품도 수두룩하다. 모양도 기능도 각양각색이니 우리는 얼마든지 취향에 따라 선택하여 사용할 수 있다. 더군다나 요새는 각종 기념품으로 혹은 선물용으로 많이 유통되다 보니 직접 사서 쓰지 않아도 얼마든지 볼펜을 구할 수 있게 되었다. 우리들 서랍이나 연필꽂이에 넘쳐나는 것이 볼펜이다.

내 책상 위에도 빨강, 파랑, 검정색 볼펜을 비롯해 삼색, 사색 볼펜이 수두룩하다. 언제 내가 볼펜을 구입했는지는 기억에 없다. 이 볼펜들 중에 선물로 받은 것도 여러 개다. 사은품으로 증정 받은 것도 있고 개업식 같은 행사에 갔다가 기념품으로 받은 것도 있다. 쓰레기통에서 건져 낸 것도 더러 있다.

혹자는 볼펜이 많으면 좋지 않느냐고 할지 모른다. 천만의 말씀이다. 필요 이상으로 어떤 물건이 많으면 그것은 부담만 가중시킬 뿐이다. 아무리 볼펜이 많아도 우리가 쓰는 것은 한두 개에 불과하다, 볼펜이 훌륭한 장식품이 되는 것도 아니니 쓰지도 않는 많은 볼펜을 바라보면 오히려 마음만 불편해지기 일쑤다.

어떤 때는 저 볼펜만 가지고도 평생 쓰고도 남을 것 같은 생각이 든다. 평생 쓰고도 남을 볼펜이 지금 내 서랍과 연필꽂이에 있는데 그것이 오히려 풍족이 아니라 또 하나의 걱정거리에 지나지 않는다. 많은 재산을 가지고 있는 사람의 심정도 혹시 이럴까? 한 번도 넉넉한 재산을 가져보지 못한 나로서는 모를 일이다.

저 볼펜을 어떻게 해야 좋을까. 관상용으로 책상에 놓고 오래 감상하기도 그렇고 가장 요긴하게 쓸 사람이 있으면 주고도 싶지만 사방에 널려 있는 것이 볼펜이니, 산간벽지의 어린이나 저 후진국 어린이라면 모를까, 도회지 아이들 누가 그리 달갑게 여길 것인가?

가장 바람직한 방법은 저 볼펜을 온전하게 다 사용하는 것이겠지만 그것은 요원한 일이다. 대부분의 편지가 이메일로 전달되고 학생들도 이제 거의 공책을 가지고 다니지 않는다. 책 여백에다 요점을 정리하는 것으로 필기를 대신하는 것이다.

저 볼펜들이 이제 천덕꾸러기나 다름없다. 그런데도 날마다 선물용, 기념품용, 사은품용 볼펜이 쏟아져 나오고 있다. 아직도 볼펜을 선물용으로는 가장 적합한 것으로 생각하고 있다. 선물용 볼펜을 준비하는 사람들은 한번 재고해봐야 할 문제다.

저 시골 벽지나 가난한 나라에선 볼펜 하나를 보물처럼 소중하게 생각할 아이들도 있을 것이다. 쓰지 않는 볼펜들을 모아 소중하게 쓰일 곳으로 보내는 운동이라도 벌였으면 좋겠다. 물론 볼펜만이 아니다. 우리의 의복도, 기타 가전제품까지도 전혀 사용하기에 불편 없는데 단지 신제품이 나왔다는 이유만으로 폐기처분 되는 물건이 얼마나 많은가. 이러한 물자 낭비가 우리 경제에 어떤 영향을 끼치게 되는지 나는 잘 모른다.

그러나 그것은 경제 이전에 우리의 정신의 문제이다. 불필요한 물건이 주위에 널려있다는 것은 공연히 마음의 부담으로 작용할 공산이 크다. 그것은 정돈되지 않은 생활, 혹은 잡다한 잡념으로 가득한 마음처럼 나의 생활 주변을 어수선하게 늘어놓는 것과 다름없지 않겠는가. 한 자루의 볼펜을 움켜쥐고 기뻐서 어쩔 줄 모르는 어린이의 모습, 그것이 바로 행복의 모습이고 충만과 감사의 모습이기도 할 것이다.

테솔TESOL

교육청에서 실시하는 6개월 TESOL연수를 신청하고 원어민과의 인터뷰를 거쳐 연수생으로 확정이 되었다. 지난 9월 초부터 매주 2시간 30분씩 두 번 방과 후에 모여 교육을 받고 있다. 강사가 미국, 호주인들로서 호주의 교육기관에 의한 280시간 immersion program(집중훈련과정)으로 완전히 영어의 바다에 빠지는 교육 과정이다.

TESOL은 Teaching English to the Speakers of Other Language의 약자로서 우리말로 그냥 영어교수법이라 해도 된다. 다만 영어로 비영어권 학생들에게 가르친다는 점에서 용어가 다소 낯설지 모르겠다.

정년이 4년 정도 남았으니 다른 특별연수를 받지 않아도 무리 없이 근무하다가 퇴직에 임할 수 있다고 생각할 수도 있다. 그러나 날마다 달라지는 교육환경, 날마다 새로워지는 영어교수법을 익히면 그것은 교직생활을 더욱 윤택하게 가꾸는 것이 될 것 같아서 의욕을 가지고 지원을 했다. 6개월 교육기간동안 매주 이삼 회 방과 후 교육도 수월치 않은 것이고 방학기간에도 계속 교육을 받아야 하고 마지막 1개월은 호주 시드니에 가서 현지 교육과 실습을 하는 일정이다.

물론 많은 과제가 부여되고 엄격하게 출석이 체크되고, 수시로 예고도 없이 영어논술을 작성해야 하는 등의 일이 수월하지는 않다. 그러나 나는 요새 아주 재미있게 연수에 임하고 있다. 방법이 새롭고 자기 주도적 학습이기 때문이다. 기본 문법은 대부분 알고 있는 내용인데 다만 영어로 한다는 것이 다를 뿐이다. 영어로 대화를 하고 영어로 강의를 듣고 작문을 하고 presentation(발표)을 한다.

10월에 들어서는 연수생 전원이 20여 분간 수업지도안을 작성하여 창의적인 수업을 해야 한다. 나도 어제 교육생을 대상으로 presentation(영어수업발표)을 무사히 마쳤다. 인터넷 사이트에서 재미있는 vocabularies(어휘)학습법을 익혀 그것을 소개하고 연수교사들 스스로 과제를 푸는 자기 주도적 학습을 하게 했는데 의외로 반응이 좋고 재미있어 하는 것 같아서 나도 즐거웠다.

그 동안 두 달 가까이 미국 호주 식 교육방법을 익히다 보니 여러 가지 생각이 떠오른다. 우리의 일방적 주입식, 설명식 교육 방법이 아니라 주로 토론, 작문, 과제수행, 발표로 이루어지는 수업과정이 흥미 있고 창의적 사고를 기르는데도 매우 효과적일 것이라는 생각이다.

흥미가 있으면 저절로 학습동기가 유발되기도 할 것이다. 그리고 이런 교육방법과 우리의 수학능력시험 문제 유형과의 연관성을 생각해 보았다. 이런 창의적이고 자기 주도적 학습이 우리 수학능력 시험과 부합되느냐 하는 것인데, 결코 아닌 것이다. 혹시 우리의 수학능력시험 유형이 학생들의 창의력을 말살하고 대충 수박 겉핥기식의 학습을 조장하고 있는 것인지도 모른다.

교육현장에서는 영어로 수업하라, 의사소통 능력을 중시하라, 학생들이 참여하는 창의적인 수업을 하라 하면서 수능문제 유형은 여전히 딴 방향으로 가고 있다. 교사나 학생이 혼란스러워 하는 까닭이다.

지금의 수능문제 유형은 정확한 내용을 모르고도 지문의 대강만 파악해도 해답이 보이는 유형, 출제 지문의 처음 부분만 조금 읽고도 답을 유추해 낼 수 있는 문제 등 허점이 많다. 지나치게 속독속해만 강조하다보니 우수한 학생조차도 탄탄한 기반을 다지는 일에 허술하게 대처하는 것이다. 정확한 해석을 어려워하고 문법과 영작에는 상당히 곤혹스러워 한다.

얼마 전 일본의 한 연구기관이 한, 중, 일 학생들의 영어 실력을 테스트해 보았는데 유독 작문에서만 한국 학생들이 현저하게 낮은 점수를 받았다는 보도가 있었다. 수긍이 가는 결과다. 의사소통 능력을 향상한다고 하는 게 영작이나 문법 영역은 소홀히 해도 좋다는 것으로 받아들여지고 있는 게 분명하다.

수능 외국어 영역에 영작과 직접 관련된 문항 두 개만 삽입해도 지금 같은 기형적인 학습 결과는 초래 되지 않았을 것이다. 읽기, 쓰기, 말하기, 듣기 네 기능을 조화롭게 발전시켜야 하는데 유독 쓰기에는 관심을 두지 않고 있다. 수능위주로 수업이 진행되고 교육과정이 짜지고 참고서가 출판되다보니 천편일률적으로 수능문제 유형 익히기에 총력을 기울이게 되고, 그것이 결국 요령만 익히는 허술한 결과를 낳고 말았다.

근래 토익점수가 신빙성을 잃어 각종 기관에서 채용 시 외국어능력 판단기준으로 채택하지 않는 경향이라 한다. 유사한 현상이 수능에 이미 나타나고 있다고 본다. 외국어 수능성적이 곧 외국어 실력으로 볼 수 없다는 것이 내 생각이다. 문제유형에 익숙하면 답을 찍어낼 수 있는 소지가 다분하기 때문이다. 물론 완벽한 제도를 기대하는 것이 과욕일 수도 있다 그러나 문제점이 있으면 즉시 시정해야 하는 것은 당연하다. 그것이 발전의 동력이 될 것이다.

TESOL 얘기하다가 다른 데로 흘렀다. 이번 기회에 외국 교수들의 수업방식을 잘 익혀두었다가 우리 외국어 교육의 문제점을 짚어보고 우리 실정에 맞는 외국어 학습법을 진지하게 생각해볼 것이다. 특히 흥미와 동기를 유발할 수 있는 학습방법을 배울 수 있도록 노력할 것이다. 지금 TESOL교육을 받은 지 얼마 안 되어 내가 새로운 수업방식에 신선한 느낌을 받은 때문인지도 모른다. 우리의 전통 주입식 교육방법이 일면 장점도 가지고 있을 거라는 가능성도 배제하지는 않을 것이다.

결혼식 단상

올가을 들어 여러 번째 청첩장을 받았다. 청첩장이 솔직히 부담스럽기도 하다. 시간보다는 단연 축의금이다. 월급쟁이 처지에 더군다나 용돈을 타 쓰는 주제에 축의금으로 나가는 돈이 만만치 않다. 경조사비를 용돈으로 충당해야 하니 기둥뿌리가 휜다는 소리가 맞다. 그렇다고 세상을 살아오면서 맺은 인연으로 연락을 한 것인데 나 몰라라 할 수만도 없는 노릇이다.

A교장에게서 청첩장이 왔다. 딸을 결혼시킨다는 것이다. A교장은 먼저 근무했던 학교의 교감이었다. 나이는 동갑이지만 나는 평교사였고 그 양반은 교장임용을 눈앞에 둔 교감으로 2년을 같이 한솥밥을 먹은 인연이 있다.

직장의 동료라는 것이 대개의 경우, 직장을 옮기게 되면 동료관계가 해소되고 마는 것이 보통이다. 나중에 사적으로 만나거나 친분을 계속 유지하게 되는 경우는 극히 드물다. 하지만 자녀 결혼 시엔 꼭 연락을 하게 되고 또 옛 인연을 생각해 참석하여 얼굴이라도 비치는 것이 도리로써 관례처럼 되어 있기도 하다.

때론 같이 근무했던 모든 사람에게 연락하는 것도 아니고 일일이 다 찾아가는 것도 아니다. 가깝게 지냈거나 한 부서에 있었거나 몇 가지 요인으로 청첩장이 발송되고 또 참석 여부도 결정이 된다. 내 경우 사립학교에 오래 근무하다가 사학재단이 공립으로 편입되는 바람에 공립학교 교사가 되었다. 그 인연으로 사립학교 시절 동료라면 꼭 참석한다. 부득이한 경우 우편환으로 축의금이라도 보내고 있다.

공립학교 동료들은 사정이 조금 다르다. 청첩장이 오는 경우도 예식에 참석하는 경우도 비교적 뜸한 편이다. 계속 순환근무를 하게 되어 오래 같이 근무하는 일이 드물기 때문이다. 같이 근무한 기간이 그런 면에도 영향을 끼치는 것 같다. 오늘은 꼭 참석하고 싶었다. 그것은 A교장의 인품이 훌륭했기 때문이다. 오랜 교직생활 동안에 몇 안 되는 기억나는 교육자 중의 한 분이다.

그 분이 가톨릭 신자인 줄은 이번 청첩장을 보고 처음 알았다. 같이 근무할 당시엔 전혀 몰랐다. 결혼식 장소도 성당이었다. 그래서 더 참석하고 싶었는지도 모른다. 나도 오랜 가톨릭 신자이기 때문이다. 혼인미사로 내일 주일미사를 대체하려는 계산도 조금 있었다. 해당 성당으로 달려가 골목길에 주차하고 식장으로 갔다.

선생님들 자녀 결혼식은 대개 큰 성황을 이루어서 그 상황을 예상하고 갔는데 의외로 조촐했다. 축의금을 내고 잠시 이리저리 둘러보았으나 내가 아는 분은 교장 두 분과 교사 몇 명이 고작이었다. 하객들은 성당 입구에서 축의금을 전달하고는 곧장 피로연장으로 가고 실제로 예식에 참여하는 하객은 신랑 신부 친구들이거나 친인척뿐인 것 같았다.

예식시간이 다가와 성당 안으로 들어갔다. 예식은 가톨릭 식으로 엄숙하게 진행되었다. 성가를 부르고 결혼에 관련된 성경이 봉독되고 주례신부의 주례사가 있었다. 주례신부는 신랑 신부가 오래 살면 서로 닮아간다는데 이 신랑 신부는 처음부터 너무 닮았다며 너스레를 떨어 하객들을 웃기기도 했다.

나는 성체성사 후 조금 일찍 나와 피로연장으로 가 둘러보았으나 아는 교사는 한 사람도 없었다. 다들 미리 와서 식사만 하고 떠난 후였다. 식사를 마치고 혼자 피로연장을 나오면서 요새 결혼식 풍경을 생각해 보았다. 나의 경우라면 어떻게 할까? 많은 분에게 알려야지 하는 생각과 그게 다 욕심이라는 생각이 교차한다.

종종 딸의 결혼식을 미리 생각해볼 때가 있다. 불안 섞인 상념이 생긴다. 하객이 적어 식장이 너무 초라하지나 않을까? 이런 것을 아마 예기불안이라고 할 것이다. 내가 냈던 축의금을 그럼 다 포기하란 말인가? 참 옹졸한 생각이 고개를 들기도 한다. 많은 하객들이 몰려들어야 아이들 장래가 좋을 텐데. 참 근거 없는 생각이 충동질하기도 한다.

축의금이 꼭 품앗이가 되어야 하는가? 아무래도 욕심일 것 같다. 상부상조의 정신에도 어긋나는 일이다. 상황에 따라서 이쪽에 축의금을 내고 또 저쪽에서 받기도 하는 것이지 일일이 기억하여 연락을 취하려 한다면 얼마나 번거로울까? 낸 축의금은 일단 잊어버리는 게 좋을 것 같다. 가까운 친인척만으로도 식장은 북적거릴 것이다. 청첩장을 돌리는 것이 폐를 끼치는 일이 될 수도 있다. 욕심을 털어내니 갑자기 홀가분해지는 느낌이다. 예식장이 북적거리고 축의금이 많이 들어오기를 바라는 것은 분명 욕심의 발로다.

현명한 결단이 요구되는 사안임에 틀림없다. 하객이 북적거리고 축의금이 많이 들어와야 훌륭한 결혼식이 되는 것은 아니다. 분수에 맞는 결혼식이 더욱 성스러울 것 같다. 축의금이 들어오면 얼마나 더 들어올 것인가? 축의금으로 혼인을 치룰 작정이었나? 그것으로 전셋집이라도 마련할 생각이었던가? 북적북적하여 사람에 치일 것 같은 혼잡한 결혼식보다는 신혼부부의 새 출발을 진심으로 축하해 줄 수 있는 분들 모시고 조촐하게 치르는 결혼식이 더 아름다울 것 같다.

A교장선생님은 부부교육자다. 두 분이 청첩장을 많이 돌렸다면 아마 더 많은 하객들로 식장은 대 혼잡을 이룰 수도 있는데 의외로 소박한 분위기였다. 혹시 딸의 결혼식을 조용하게 치르기로 계획한 것이 아니었을까. 교장선생님 따님 결혼식을 벤치마킹하는 심정으로 지켜보며 욕심내지 말고 조용하게 결혼식을 계획하는 것도 좋겠다고 생각했다.

또 하나의 사랑과 이별, 전근

정기 전보 인사 발령이 났다. 5년 동안 정든 학교의 선생님들과 학생들을 떠나 다른 학교로 가야한다. 물론 새 학교에 가서 지내다 보면 곧 익숙해지고 다시 정이 들기도 하겠지만 막상 떠나려고 하니 아쉬운 마음이 앞선다.

오랫동안 앉아 교재연구를 하던 책상이며 의자까지도 다시는 앉아 보지 못한다 생각하니 다시 한 번 바라보게 된다. 낯익었던 학교 시설물들, 내가 드나들던 교실이며 칠판, 원어민과 함께 수업하던 영어전용구역, 하다못해 매일 아침 차를 대던 주차장이며 넓은 운동장, 매일 이용하던 교직원 식당, 낯익은 긴 복도, 그 복도에 붙어있는 화장실까지도 남다른 감회로 다시 한 번 바라보게 된다.

함께 근무했던 선생님들, 교무실이 다르고 교과목이 달라 접촉할 기회가 많지 않았던 선생님들조차도 언제 알게 모르게 정이 들었는지 헤어지려 하니 섭섭해진다. 숙제를 하지 않았거나 예습을 하지 않고 수업시간 소란을 피워 힘들었던 아이들조차도 이제는 다시 만날 수 없겠다는 생각을 하면 여간 서운한 게 아니다.

특히 그 동안 4년 동안이나 내가 맡았던 방송반 아이들에겐 아쉬운 마음과 함께 미안한 마음을 감출 수 없다. 학교 행사를 준비하는 과정에서 조금만 착오를 일으키면 행사가 엉망이 되다 보니 늘 신경이 곤두서서 다그치고 소리 지르던 일이 한두 번이 아니었기 때문이다.

이제 학교에 들를 일도 2일밖에 없다. 23일 가서 업무 인계하는 일과 25일 가서 이임인사를 하고 학교 측에서 마련한 저녁 송별회식에 참석하는 일이다. 떠나야 하는 마당에 너무 미련을 갖고 있어도 안 될 것이다. 어떤 일에든 과감한 결단이 요구될 때도 있는 것이고 훌훌 미련과 아쉬움을 털고 발길을 옮기기도 해야 할 것이다.

그런데 무엇이 이렇게 마음을 붙들고 있는 것인가? 나름대로 열심히 근무한다고 했으면서도 열심히 따라와 주지 않던 아이들, 혹시 내 교수법에 문제가 있었던 것은 아닌가? 학생들과 소통하는데 혹 나이가 걸림돌이 된 것은 아닐까? 수업시간 무엇인가 딴 생각에 사로잡혀 있는 듯한 학생들을 어떻게 학습으로 이끌지 몰라 난감해지던 숱한 시간들이 무엇보다 아쉽다.

엊그제 나는 새로 발령받은 학교에 들러 교장선생님께 인사드리고 왔다. 교감선생님께도 업무에 관련하여 몇 가지 말씀드리고 몇 선생님과도 인사를 나누었다. 새로 근무하게 될 학교는 신설학교다. 작년에 개교했으니 아직 3학년이 없다. 신설학교는 그 초기에 발전의 기틀을 튼튼히 마련해야 한다. 학습하는 분위기, 정직하고 예의바른 인성을 갖춰가는 분위기, 소질과 특기를 계발하는 동아리 문화도 초기에 형성되어야 할 것이다. 비교적 교직경험이 많은 교사로서 젊은 교사들이 창의적으로 능력을 펼쳐갈 수 있도록 나도 열심히 동참할 것이다.

사회생활의 이치

엊그제 외출을 하려고 자동차 시동을 걸려는데 갑자기 시동이 걸리지 않았다. 한참을 왼쪽으로 돌리고 오른쪽으로 열쇠를 돌리다가 이상해서 열쇠를 다시 빼는 순간 황당한 일을 목격했다. 열쇠가 끝 부분 1/3 지점에서 부러져 없어지고 도막난 열쇠만이 열쇠고리에 달려 있는 것이 아닌가.

다시 집으로 들어가 보조열쇠를 가지고 운전석 쪽 차문을 열려고 하는데 이번에는 이상하게 열쇠가 열쇠 구멍으로 들어가질 않았다. 반대쪽 문을 열고서야 운전석에 앉을 수가 있었다. 어찌된 일인지 혼란스럽기만 했다. 한참을 생각한 후에야 운전석 문이 열리지 않는 원인이 거기에 열쇠 토막이 부러져 박혀있기 때문이라는 걸 알게 됐다. 방금 전에 일어난 일임이 분명했다.

20년 가까이 운전을 하면서 별별 경우를 다 겪어봤지만 이런 경우는 처음이고 누구에게서도 들어보지 못한 일이었다. 백미러가 부서진 경우, 계기판 속도계가 작동을 멈춘 경우, 에어컨을 켜도 더운 바람만 나오는 경우, 엔진 쪽에서 연기가 꾸역꾸역 피어오르는 경우, 출근하려는데 타이어가 펑크 나 있는 경우, 워셔액이 자동차 지붕 꼭대기로만 분사되는 경우 등 여러 가지 난처한 경우를 접해봤다. 하지만 이렇게 열쇠구멍 속에서 열쇠가 부러져 박혀 있는 경우는 처음이고 어디에서도 그 경험과 처방에 대한 얘기를 들어본 일이 없다.

물론 카센터에 가면 어떤 해결책을 찾기야 하겠지만 열쇠구멍에 부러져 박힌 열쇠 토막을 감쪽같이 족집게로 집어내줄 기술자는 어느 카센터에도 없을 것 같았다. 그렇다면 통째로 그 잠금장치를 갈아야 하는

데 그 비용이 만만치 않을 것은 아주 뻔한 것이다. 아무래도 빨리 카센터에 알아보고 문제를 해결해야 할 것 같았다. 나는 치과에 들러 나오다가 곧바로 인근 카센터로 차를 몰았다.

"자동차 열쇠가 열쇠구멍에 박혀 부러졌네요. 이거 뺄 수 없을까요?"

카센터 직원은 어떤 문제인지 자세히 물어보지도 않고 즉시 대꾸했다.

"힘들어요. 여기서는 못 빼니까 서비스센터에 알아보는 게 좋겠네요. 아마 거기서도 못 뺄걸요. 다 갈아야 할 겁니다."

"다 갈다니요? 한쪽 문 잠금장치 전부를 갈아야 한다구요?"

"한쪽 문이 아니고 갈면 네 군데 전부 갈아야 돼요."

내 대꾸에 그 카센터 기술자는 태연하게 말하는 것이다. 비용이 만만치 않을 거란 생각이 들었다. 전에 한 번은 안테나가 부러져서 교환한 일이 있었고, 창문 자동개폐 장치가 시원찮아 수리 받은 적이 있었다. 예상외로 내부장치 전부를 교체해야 하는 복잡한 작업이어서 만만찮은 비용과 시간이 들어갔다.

이런 낭패가 있는가. 비용이 대략 십오륙 만 원 한다는 말도 덧붙였다. 나는 단골로 다니는 서비스센터에 전화를 했다. 봐야 알겠지만 뺄 수 있는 방법은 없고 내부장치 전부를 갈아야 할 것 같고 비용은 대략 십 몇 만원이 든다며 카센터 직원과 똑같은 말을 하는 것이다.

일단 다른 볼일을 본 다음 단골 서비스센터를 방문하기로 마음을 먹고 동네 노점 구두 수선소로 갔다. 동네 골목 어귀에 있는 이 구두 수리점에선 가방이나 구두 등 가죽제품을 주로 수리하지만 각종 열쇠 복제도 해주는 곳이다. 우선 예비 열쇠를 하나 더 만드는 것이 필요했기 때문이다. 두 명의 기술자가 일을 하고 있다. 열쇠를 복제하는 동안 나는 그냥 얘기삼아 말을 건넸다.

"자동차 열쇠가 열쇠구멍 속에서 부러져 박혔는데 그거 어디서 뺄 수 없을까요?"

답답한 심경을 무심코 내비쳤던 것이다. 그런데 의외로 분명한 대답이 돌아왔다.

"그거 빼는데 있어요."

"어딘데요? 어떻게 아세요?"

"우리 동업자니까 알죠. 소래 가면 있어요."

의외의 대답에 나는 정신이 바짝 들면서 전화번호를 아느냐고 물었다. 그는 뜻밖에도 전화번호까지 외우고 있다가 술술 불러주지 않는가. 나는 그 자리에서 즉시 전화를 했다. 뺄 수 있다는 자신 있는 목소리와 함께 출장은 3만 원, 직접 오면 2만 원이라는 수리비용까지 알려주지 않는가. 세상에 이럴 수가! 꼭 내게 필요한 맞춤형 기술자를 찾아냈다는 생각에 기분이 날아갈 것 같았다. 열쇠복제가 끝나고 비용을 건네며 "그냥 얘기삼아 해본 건데 좋은 데를 알았네요" 하니까 "그래, 서로 얘기하다 보면 다 해결책이 나온다니까요" 한다.

소래포구라면 우리 동네에서 10분 거리다. 나는 즉시 차를 몰았다. 설명 들은 대로 찾아가서 차를 멈추고 두리번거리니 한 남자가 기다렸다는 듯이 손짓을 한다. 60대의 아저씨가 노점에 구두수선소를 차려놓고 있었다. 그는 즉시 연장뭉치를 들고 나와 내 자동차 옆에 펼쳐놓았다. 현미경을 비롯해서 자잘한 도구가 꽤 여러 가지다. 그는 우선 자동차 열쇠구멍에 현미경부터 들이대고 부러진 열쇠토막의 위치를 찾았다.

이어서 가느다란 집게로 열쇠구멍을 조금 넓혀 놓더니 철사 두개를 열쇠구멍에 찔러 넣는 것이다. 그 철사는 특이하게 제작되어 끝부분이 가느다란 철솔 같이 생겼다. 이어서 두 철사를 빙빙 돌려 꼬는가 싶더니 금세 부러진 열쇠토막이 철사 줄에 끌려나오는 것이 아닌가. 원리를 물어봤더니 현미경을 보면서 열쇠 양쪽으로 파인 홈에 그 까칠까칠한 철사를 밀어 끼워 넣어 조여 당기면 빠져나온다는 것이다. 그는 채 3분도 되지 않아 가볍게 작업을 끝내고 주섬주섬 연장들을 챙겨 넣는 것이었다.

나는 얼른 수리비용을 건네고 고맙다는 인사를 하고 돌아왔다. 신선한 감동을 받았다. 난감하던 일이 이렇게 가볍게 해결된 것이 여간 기쁘지 않았다. 이렇게 우리 이웃들은 서로 도움을 주고받으며 살게 마련인 사회생활의 이치를 새삼 깨달았다. 오늘도 나는 치과엘 들러 신경치료를 받았다. 이발을 하고 열쇠를 복제하고 시계포에 들러 고장 난 시계를 맡기고 왔다. 나의 이웃들이 내게 얼마나 큰 도움을 주고 있는지, 우리는 어떻게 서로서로 도움을 주고받으며 살고 있는지 새삼 깨달은 유쾌한 날이다.

좋은 학교

신설학교로 발령을 받고 보니 우리 학교가 좋은 학교로 발전해 갔으면 하는 바람이 생긴다. 뭔가 학교발전을 위해 해야 되겠다는 생각이 드는 것이다. 그렇다면 과연 좋은 학교는 어떤 학교를 말하는 것일까? 좋은 대학에 많은 학생을 입학시키는 학교를 두고 좋은 학교라고 한다면 할 말이 없다. 현실이 다소 그런 경향으로 경도되어 있는 것은 사실이지만 조금만 생각하면 그것만이 좋은 학교를 만드는 충분한 조건이 될 수 있는 것은 아니라는 생각이 금방 들 것이다.

좋은 학교가 되기 위한 많은 여건이 있겠지만 나는 우선 좋은 전통이 수립되어 있는 학교를 꼽고 싶다. 좋은 전통이란 바로 시스템이 잘 갖춰진 안정된 교육환경을 일컫는 말이 된다. 한 전문가에 따르면 시스템이란 은행의 번호표와 같다고 한다. 만약에 번호표를 발급하지 않을 때의 은행업무의 혼란을 한 번 생각해보라. 좋은 전통이란 바로 이런 훌륭한 시스템이 갖춰진 상태가 아닐까? 이미 많은 시행착오를 거쳐 발전에 발전을 거듭하여 최선의 교육여건을 갖추고 있는 상태가 아닐까?

전통에 빛나는 학교는 졸업생과 재학생이 모교를 사랑하고 긍지와 자부심을 느끼는 학교다. 그리하여 많은 학생들이 입학하기를 희망하고 많은 학부모가 자녀를 입학시키고 싶어 하는 학교다. 선후배가 모두 긍지를 느끼고 자부심을 갖는 학교가 좋은 학교다. 그것은 우리 학교 체육부 학생이 금메달을 땄을 때 내 일인 양 좋아할 수 있고 우리 학교 학생이 미술경연대회에서 최고상을 받았을 때 저절로 자긍심이 우러나는 그런 분위기의 학교다.

선배가 후배를 사랑하고 후배가 선배를 존경하는 학교다. 동문들이 모두 나서 학교에 체육관을 짓고 동문회관을 짓는데 모두 함께 동참하는 그런 활기찬 학교다. 물론 끊임없이 인재를 배출하는 학교가 좋은 학교다. 정치 경제 사회 문화 모든 면에서 훌륭한 인재가 계속 배출될 때 선후배는 결속하고 전통은 견고해지고 지역사회의 신임은 두터워진다.

그렇다면 오랜 전통이 있어야만 좋은 학교란 말인가? 오랜 역사가 있어도 지역사회의 신망이 두텁지 못하고 졸업생이 얼른 이름을 거론하기 꺼려하는 학교도 있다. 선후배의 결속이 약할 수밖에 없다. 선배가 긍지를 갖지 못한다면 후배인들 모교가 자랑스러울 것인가? 훌륭한 전통이 서 있지 않으면 오랜 역사가 무슨 소용인가? 하루빨리 쇄신책을 마련하여 새로운 전통수립으로 이미지 제고에 노력해야 한다.

신설학교는 전통이 없으니 좋은 학교가 될 수 없단 말인가? 아니다. 신설학교는 그야말로 처음부터 시작하는 것이다. 좋은 전통 세우기에 혼신의 힘을 기울여야 한다. 답습할 선배들의 그릇된 전통이 없으니 새로운 기틀을 마련하기에 오히려 용이하다. 한번 잘못 세워진 전통은 전통이 아니라 고질적인 두통거리가 될 수도 있기 때문이다. 전통을 세워나가는데 시행착오도 많이 따를 것이다. 그러나 오랜 세월 굳어진 그릇된 이미지나 잘못된 답습을 개선하는 일보다는 시정하여 바로 세우기가 오히려 한결 수월할 것이다.

하나하나 전통을 세워나가는 일이 지난하기도 하겠지만 무엇이든 창의적인 일엔 신바람도 따르게 마련이다. 아름다운 미술부의 전통이 위대한 화가를 탄생시킬 수도 있고 좋은 문예부의 전통이 위대한 시인 작가를 줄줄이 배출하는 기염을 토하기도 할 것이다. 과학반의 훌륭한 전통이 세계적 과학자를 배출해내기도 할 것이다. 전 국민이 아끼고 사랑하는 누구누구가 우리 선배다 하는 것이 얼마나 자랑스러운 일인가?

그런 체험 한두 번쯤 다 해 보았을 것이다.

이제 신학기가 다시 시작되었다. 우리 학교가 좋은 학교로 거듭나기 위해 혼신을 다해 아름다운 전통 세우기에 앞장 서야 할 것이다. 어쩌면 많은 학교가 개선의 노력 없이 지난해를 답습하기도 할 것이다. 자포자기 상태에서 현상유지에 만족하기도 할 것이다. 다양한 소질을 계발하기 보다는 오로지 명문대에 하나라도 더 보내는 것으로 책임을 모면하려 하기도 할 것이다. 관리자와 교사들이 난상토론(Brain Storming)을 벌여서라도 획기적 발전의 전환점을 마련해야 한다. 선후배가 화합하고 학교와 지역사회가 두터운 신뢰를 쌓아가는 한 해가 되었으면 좋겠다.

목욕탕에서의 단상

어제 밤 소주 한 잔 했더니 토요일 오전 몸이 찌뿌듯하다. 아침밥을 대충 챙겨먹고 근처에 있는 목욕탕으로 향했다. 공휴일 오전인데도 붐비진 않는다. 아직 이른 시간이기 때문이다. 옷을 벗어 옷장에 넣고 벽에 붙어있는 대형 거울에 몸을 비춰본다. 오른쪽 대퇴부에 커다란 수술 자국이 있다. 재작년 12월 자전거를 타다 빙판에 넘어져 골절상을 입어 수술한 흔적이다. 뼈는 다 아물었는데 아직도 핀이 두 개나 박혀 있다. 이삼 개월 후 다시 핀 제거 수술을 받을 예정이다.

나는 다시 거울을 보며 내 걸음걸이를 관찰한다. 아무래도 다치기 이전의 자연스러운 걸음걸이가 아니다. 몇 번이고 다시 걸으며 관찰하지만 아무래도 만족스럽진 않다. 다쳤던 오른 쪽 다리와 왼쪽 다리 사이에 균형이 깨졌나보다. 건강을 유지하기 위해 자전거를 타지만 오히려 자전거로 인해 두 번이나 골절 사고를 당했다. 십여 년 전에 왼쪽 쇄골에 골절상을 입기도 했던 것이다.

욕실 안으로 들어가 바가지로 물을 퍼 몸에 뿌리고 탕 안으로 들어간다. 뜨끈한 물에 몸을 담그고 조용히 눈을 감으니 온몸의 피로가 쫙 풀려나가는 것 같다. 나는 편안하게 그 동안 살아온 내 인생을 곰곰이 반추하기도 한다. 고향생각을 하고 학창시절을 되돌아보기도 한다. 내 어릴 적 삐뚤빼뚤한 논두렁길이며 냇둑 길, 냇둑 길 한 쪽의 넓은 공터와 그 공터의 노송 몇 그루, 해마다 그넷줄을 매던 수령 수백 년은 족히 될 버드나무가 경지정리를 하면서 다 뽑혀나갔었다.

개발이란 명목으로 고향의 옛 모습은 그야말로 쑥대밭이 되었다. 수백 년 수령의 버드나무를 그냥 두고 냇가 공터에 있었던 노송 몇 그루

만이라도 보존했더라면 고향마을은 지금쯤 얼마나 운치 있을 것인가. 구불구불한 자연 하천은 일직선 인공하천이 되었고 오랜 세월 함께 사용하던 공동우물은 폐쇄되어 하루아침에 없어져버렸다. 해마다 단오절이 오면 마을 청년들이 모두 나와 버드나무에 그네 줄을 매던 풍습마저 사라지고 말았다. 물불 안 가리는 경제개발 논리가 오랜 전통과 아름다운 고향 모습을 송두리째 파괴하고 말았다.

10여분 뜨거운 물에 몸을 담그고 있다가 나와 샤워기가 달려있는 벽면 앉은뱅이 의자에 앉아 몸에 때를 벗겨내기 시작한다. 나는 오른 쪽 발부터 때를 밀기 시작한다. 비누칠을 안 한 상태에서 발가락, 발가락 사이, 발바닥, 다시 발등, 발목으로 올라가며 완벽하게 마무리하고 다시 왼 쪽을 시작한다. 다시 손과 팔, 몸의 앞부분, 옆구리, 다시 등까지 손이 닿는 부분의 때를 모두 깨끗하게 밀어낸다.

목덜미와 귓바퀴까지 깨끗하게 닦고 샤워로 몸을 헹군 다음 펄펄 끓는 사우나 안으로 들어간다. 사우나 안에서 땀을 흠뻑 흘린 다음 냉탕에 들어가 한동안 몸을 담갔다가 다시 온탕, 앉은뱅이 의자로 돌아와 앉는다. 이제 비누칠을 할 차례. 한동안 나는 환경을 생각해 목욕탕에서도 비누 사용을 자제한 일이 있었다. 요새는 한 번씩 비누칠을 하고 있다. 때밀이 수건에 비누칠을 하여 온몸을 깨끗하게 닦아내는 것으로 목욕을 마무리 하는 것이다.

나는 내 몸의 때를 밀면서 종종 학생들을 생각할 때가 있다. 아마 직업의식이 이런 데서도 발동되는가보다. 청소년 시절 나는 목욕탕에서 때를 미는 것이 영 서툴기만 했다. 어디서부터 어떻게 밀어야 할지 몰라 손이 팔로 배로 다리로 헤매기 일쑤였다. 어디 한 군데 제대로 때를 밀어내지 못하고 괜히 비누만 잔뜩 묻히고 허둥대다가 목욕탕을 나오곤 했다.

차차 나이를 먹으면서 차분하게 구석구석 때를 미는 요령이 생겼다. 때를 밀면서 생각은 자연히 아이들 공부로 옮겨진다. 공부를 요령 있게 하는 학생들은 세세한 부분에도 관심을 기울인다. 마치 발가락 사이나 귓바퀴 뒷부분까지 골고루 때를 미는 것과 같다. 탕에나 들락거리고 샤워나 해대다가 대충 끝내는 목욕은 별로 신통할 게 없는 법이다. 공부도 그렇게 대충 짚고 넘어가면 당연히 실패할 확률이 높다. 구석구석 일일이 손으로 밀고 손이 안 닿는 부분은 수건을 동원해 빈틈없이 밀어내야 뒤끝이 개운하듯 공부도 그렇게 해야 한다.

만약에 중소기업 사장이 목욕을 하면 어떤 생각을 하며 탕 속에 몸을 담그고 있을까? 아마 불량률을 어떻게 줄일까 궁리하지 않았을까? 때를 밀면서 소홀하기 쉬운 구석구석을 밀어야 한다는 요령을 터득해가며 작업공정의 세세한 부분까지 관심을 기울여야 불량률을 줄이고 경쟁력을 갖추게 되리란 깨달음을 얻게 될지도 모른다. 장사하는 분은 그 나름대로 성공을 궁리하며 탕 속에 몸을 담그고 실업자는 구석구석 밀린 때를 열심히 닦아내며 실업 탈출의 현명한 대책을 강구하기도 할 것이다. 혹 연애를 하고 있는 젊은이라면 어떨까? 아마 연애의 성공비법을 생각하며 열심히 때를 밀지도 모를 일이다.

목욕을 마치고 나와 몸에 있는 물기를 제거하고 저울에 올라서니 탕에 들어가기 전보다 체중이 근 0.8킬로그램이나 줄었다. 사우나에서 땀을 뺀 결과다. 아직도 체중을 삼사 킬로를 더 빼야 하는데 벌써 몇 달째 그 상태다. 주섬주섬 옷을 챙겨 입고 밖으로 나오니 삼월 하순 꽃샘바람의 한기가 몸으로 파고든다. 그래도 어제보다는 한결 누그러진 것 같다. 꽃샘추위가 아무리 극성을 떨어도 한바탕 함성을 내지르려는 꽃봉오리, 저 도도한 기세를 어찌 당해내겠는가. 이제 곧 세상은 온통 꽃 천지를 이루고 사람들은 모두 나가 인산인해 상춘인파를 이루리라.

제4부

교육은 예술이다

교육은 예술이다

청년 시절에 읽은 청천 김진섭의 수필 한 대목에 나는 공감했다. '일생을 즐겁고 보람 있게 살 수 있다면 만년에 죽는 자리에 누워 있어도 유유한 마음으로 눈을 감을 수 있다' 고 하면서 사람의 일생을 귀중한 예술품의 완성이라고 했던 것이다. 그래 젊은 시절에 읽은 이 구절이 영 잊히지 않고 삶의 고비마다 내게 나아갈 방향을 제시하곤 했다.

그런데 어떤 노 정치가가 기자와의 대담 중에 정치를 또 예술에 비유하는 것을 보았다. 뿐만 아니라. 서울시장과 국무총리를 지낸 모 원로 인사가 시장 직에서 퇴임하며 행정이 예술과 같다는 말을 하는 것이 아닌가. 나는 평소에 인생은 예술이라는 생각은 줄곧 가지고 있었지만 정치가가 정치는 예술이라고 하고, 서울시장을 했던 분이 행정이 예술과 같다고 했을 때 나는 아주 신선하게 그 말을 받아들였다.

그렇다면 교육도 바로 예술이 아니고 무엇이겠는가 하는 생각이 들었다. 그래서 다음과 같이 혼자 읊조려 보기도 했다.

정치도 예술이라고 노정치가가 말했다

인생도 예술이라고 한 수필가가 말했다

성공한 행정가는 또 말 하네 행정도 예술이라고

교육도 예술이다

청소 안하고 그냥 간 영희

반성문을 쓰게 할까 화단 정리를 하게 할까

오늘도 지각한 철수 벌 청소를 하루만 시킬까 이틀을 시킬까

영희가 해야 할 일 지가 하도록

철수가 시간을 잘 지키도록
이리저리 궁리하는 선생님은 예술가
교육도 아름다운 예술입니다

우리는 흔히 교육을 백년지대계라 한다. 백년의 앞을 내다보고 국가와 민족의 번영을 계획하는 일이라는 뜻이겠다. 그렇다면 교육은 무엇이고 예술은 무엇인가. 교육을 한마디로 정의 내리기엔 그 개념이 너무 복잡하다. 그렇지만 누군가를 바르게 가르쳐 그 개인에게도 행복한 삶의 터전을 마련하게 하고 국가와 민족에도 이로운 사람을 육성하는 것이라고 간단히 정의할 수 있지 않을까.

교육학을 논하는 것이 아니니 오늘은 일반적으로 일컫는 교육에 국한하여 생각해보기로 한다. 정치가가 정치는 예술이라고 하고 행정가가 행정은 예술이라고 말하는 데는 나름대로의 깨달음이 있었기 때문이다. 그 분야에서 연륜을 쌓아오며 체험을 통하여 얻게 된 깨우침인 것이다. 전문가의 직관엔 깊은 성찰에 버금가는 진리가 내포되어 있다. 마치 오랜 역사를 두고 전승된 민간요법이나 생활 속의 속설들이 현대에 와서 그 과학성이 입증되는 사례처럼 말이다.

마찬가지로 내가 '교육은 예술이다' 라고 할 수 있는 것은 조심스럽긴 하지만 경험에서 얻어진 결론이라고 할 수 있다. 나는 예술엔 문외한이니 예술의 본질이 어떤 것인지는 잘 모른다. 다만 예술은 아름다움과 조화로움을 추구하는 것, 인생에 다양성과 역동성을 부여하는 것이란 초보적 상식만으로도 교육은 예술이라는 명제가 타당하다고 본다.

그렇다면 한 교사가 교육현장에서 추구해야 할 것은 무엇인가. 예술적 성과를 지향해야 하는 것은 아니다. 다만 예술처럼 아름답고 조화롭게 교육을 해야 하는 것이다. 예술처럼 유연하고 개성 있게 교육을 해야 한다는 얘기다. 어떻게 학급을 운영하고 수업을 진행해야 예술 같은 교육이 되는 것인가.

나는 오랫동안 시를 써 왔으니 시 창작의 예를 들어 나의 생각을 정리해보기로 한다. 나의 지론은 시는 진실해야 한다는 것이다. 또 시는 세상을 보다 낫게 바꾸려는 사랑이 바탕이 되어야 한다는 것이다. 곧 선과도 무관할 수 없다. 시도 예술의 한 갈래이니 예술은 곧 진실하고 사랑과 선이 내포되어야 한다는 말이 된다.

즉 아름다움을 추구하는 것이 예술이라고 하더라도 거기엔 반드시 진과 선의 기본골격이 있어야 한다. 이로써 예술의 개념이 명확해졌고 교육이 나아가야할 방향도 설정된 셈이다. 곧 교육은 진선미를 추구하여 그 방향으로 나아가야 한다는 것이다. 그 다음엔 방법상의 문제가 진지하게 대두될 것이다. 교육방법상의 문제는 교육공학의 영역일 것이지만 현장교사에겐 이론보다 더 절실한 문제가 따로 있다.

인류의 행복과 세상의 평화 증진에 이바지할 인재를 배출하기 위해 현장교사가 힘써야 할 일이 이제 자명해진다. 교사는 우선 각자의 위치에서 각자의 역할에 충실해야 한다. 그럴 때 수십만 명 교육자의 장엄한 오케스트라의 대향연이 교육 현장에서 펼쳐질 것이다. 국민을 감동시키고 국가의 장래가 보장되는 대향연이 될 것이다.

나는 30년째 교편을 잡고 있다. 시골학교에도 있었고 도회지 학교에도 있었다. 남학교에도 여학교에도 있었다. 실업계 인문계 학교, 또 사립 공립학교에 두루 근무하였다. 다양한 교육현장에서 교육을 해온 셈이다. 사반세기가 넘게 교육계 동향을 몸소 겪어 오는 동안 이제 어렴풋이 안목을 갖게 된 듯도 하다. 어떤 면에서 발전 했으며 어떤 면이 과거의 관행이나 폐습을 답습하고 있는지 상식적인 선의 안목을 갖게 된 것도 같다.

철필로 줄판을 긁어 일일이 수작업으로 등사를 하고 채점을 하고 통계를 냈던 시절에 비해 지금은 컴퓨터의 도움으로 상상을 초월할 정도의 발전을 이룩한 것이 사실이다. 또 학급당 학생 수가 줄어들고 교사들의 신분보장이 많이 향상된 것도 사실이다. 보수체계가 다소 개선된 측면도 있다. 그러나 과연 바람직한 방향으로만 교육이 나아가고 있느냐 하는 데는 동의할 수 없다.

바로 이 점이 풀어야 할 과제다. 교육이 예술이 되기 위한 당면과제고 시대의 요청이다. 대안교육이 모색되고 특성화 학교의 필요성이 날로 증대되는 이 시점이 바로 교육에 예술적 접근이 절실히 요청되는 때임을 깨닫게 된다. 엄청난 사교육비가 들어가는 지금의 교육은 전혀 예술적이지 못하다. 그것은 과욕이며 개인의 영달만을 추구하는 이기심의 발로이며 맹목적인 교육열이다. 과욕과 경쟁과 이기주의가 진선미를 추구하는 예술이 될 수는 없다.

교육이 예술이 되기 위해서는 절제와 여백이 있어야 한다. 과거와 미래를 아우르는 깊이와 폭이 있어야한다. 지나치게 경직돼 있어도 안 되고 자율성과 유연성이 가미되어야 한다. 자율성과 유연성이 생명력의 고양을 가져오고 바로 예술성과도 다르지 않을 것이다. 사교육의 열풍, 일류 대학을 향한 총 진군, 평준화로 인한 획일성 모두 교육의 경직성이다. 이런 경직성이 타파되고 교육이 유연하게 작동될 때 해결의 실마리가 보일 것이다. 교육의 다양성이 확보되고 개성이 신장될 때 교육은 진정한 발전의 기틀이 마련될 것이다.

우리는 우리 교육의 병폐를 잘 알고 있다. 문제는 예산의 문제이거나 관리능력의 부족이거나 누적된 병폐가 너무 오래 방치된 것이다. 개성이 존중되어야 하고 전인교육을 해야 되고 특기적성 교육을 해야 하는 것을 알면서도 입시에만 총력을 기울이는 까닭이 무엇인가. 우리는 그 까닭도 알고 있다. 그러면서도 시정되지 않는다. 시정되지 않는 원인까지도 알고 있다. 하지만 단시일 내에 시정하기엔 너무 많은 과제가 너무 오래 누적된 것인지 모른다.

전 국가적 규모의 거대한 오케스트라가 연주되려면 반드시 제도의 정비와 조율이 필요하다. 정부와 교육계, 학부모와 학생이 모두 나서서 개인의 행복과 국가의 번영을 약속할 새 교육의 틀을 마련해야 한다. 정부 주도의 일방적 개혁도 부작용을 낳고 교원단체의 정당한 주장에도 국민적 공감대가 필요하다. 다 함께 지혜를 모아 산적한 난제를 슬기롭게 풀어야 할 것이다. 교육현장에서 장엄한 오케스트라가 연주되어야 한다.

졸업

우리는 한 해 동안 수많은 기념일을 맞이하며 생활하고 있다. 삼일절, 광복절 같은 국경일을 비롯하여 부처님 오신 날, 크리스마스와 같은 종교적인 기념일, 또 생일이나 결혼기념일 같은 개인적인 기념일부터 선조들의 제삿날 까지 다양한 형태의 기념일이 있고 그 기념일에 알맞은 의미를 가지고 있다. '내가 너의 이름을 불러주었을 때 너는 내게로 와서 꽃이 되었다' 하는 시처럼 우리는 평범한 일상에 하나의 이름을 붙임으로써 그날을 하나의 의미로 만들었던 것이다.

그런데 바쁘게 생활하다 보면 그 기념일의 의미를 미처 깨우치지도 못하고 그대로 흘려보내는 일이 허다하다. 물론 모든 기념일이 누구에게나 다 소중하고 의미 있는 기념일일 수는 없다. 어린이날이 어린이에게 소중하고 결혼기념일이 부부에게 소중하듯 그 기념일마다 개인에게 다가오는 의미는 다양하다. 그렇다면 청소년들에겐 어떤 기념일을 소중히 여기게 하고 어떻게 그 의미를 되새기게 할 것인가.

나는 졸업과 입학을 우선 꼽고 싶다. 미국에서는 졸업식을 'The Commencement' 라고 한다. 곧 '시작', '개시' 라는 뜻이다. 졸업은 곧 또 하나의 시작이라는 의미를 내포하고 있는 것이다. 우리 인생도 시작이 있고 끝이 있다. 여행도 시작이 있고 끝이 있다. 하루도 한 달도 한 해도 시작이 있고 끝이 있다. 이 알파와 오메가의 의미를 잘 되새겨 일상을 소중하게 가꾼다면 삶은 한결 윤택해질 것이다. 시간의 소중함도 다시 한 번 깨닫게 될 것이다.

이제 곧 졸업식이 다가 온다. 초등학교를 졸업한 학생들은 커다란 희망을 안고 중학교에 진학할 것이고 중학교를 졸업하는 학생들은 청년다운 늠름한 포부를 안고 고등학교에 진학할 것이다. 고등학교를 졸업하는 학생들은 대학과 사회라고 하는 더 큰 세계로 나아가 자신의 꿈을 펼치게 될 것이다. 많은 청소년들이 졸업을 하고 새로운 무대로 나아가는 이 계절에 청소년들은 새로운 설계로 분주하다. 희망에 들뜨기도 하고 혹자는 패배감을 안고 상심에 젖어있기도 할 것이다.

그러나 원하는 학교에 진학하지 못 했다고 해서 상심에 젖어 있기엔 우리의 심장의 박동소리가 너무도 우렁차지 않은가. 대학이 곧 성공이고 윤택한 삶의 약속은 아니다. 대학은 단지 한 시기의 과정에 불과하다. 한국사회는 학벌사회이니 대학을 놓치면 다 놓친다? 절대 그렇지 않다. 기회는 다시 찾아온다. 하나의 기회를 놓치면 또 다른 기회가 찾아오기 마련이다. 꿈을 잃은 것도 아니고 미래를 빼앗긴 것도 아니다. 잃은 것이 있다면 이 사회의 편견에서 조금 비켜선 것에 불과하다.

우리 사회엔 편견이 만연해 있다. 이 편견에 굴하지 말고 굳건하게 자기의 길을 가야 한다. 편견은 그냥 편견일 뿐이다. 길은 얼마든지 열려 있다. 명문학교에 진학해도 스스로 노력하지 않으면 낙오할 수밖에 없다. 용기와 의지에 따라 성공의 길은 활짝 열려 있다. 편견에 사로잡히지 말고 허영에 들뜨지 말고 나의 소질 나의 적성에 따라 나의 길을 가자. 아름다운 나의 길이 나를 반갑게 맞이해 줄 것이다.

이제 졸업시즌이다. 움츠리지 말고 어깨를 활짝 펴고 당당하게 앞으로 나아가자. 내일을 향해 축포를 터트리자. 졸업은 끝이 아니라 새로운 시작이다. commencement다.

술 먹던 이야기

내가 교직에 들어온 것은 1979년도 봄이다. 제약회사에 입사하여 영업사원으로 일하던 중 적성이 맞지 않는다는 것을 깨달았다. 집을 놔두고 객지에서 생활하는 것도 불편했고 하숙집을 두고 일주일에 두 번씩 출장을 가서 여관 잠을 자는 것도 수월한 일이 아니었다. 병원과 약국을 찾아다니며 조금이라도 더 많은 의약품을 주문 받기 위해 긴장을 늦추지 못하는 생활이었다. 전공한 영어를 한 번도 활용할 기회가 없어 그대로 사장시켜야 하는 것이 안타깝기도 했다.

결단을 내렸다. 대학 은사님께 부탁드렸더니 마침 모 사립학교에서 영어교사 한 사람 추천해 달라는 연락이 왔다는 것이다. 그래서 나는 교단에 입문하게 되었다. 제약회사 그만두던 달의 월급이 196,000원이었는데 첫 월급을 받아보니 130,000원이었다. 회사의 3분의 2 수준이었다. 그렇지만 내가 전공한 분야이었기 때문에 재미있고 자신감이 넘쳤다. 그 후 1994년부터 공립학교에 근무하고 있다.

술 얘기를 꺼내려니 좀 망설여진다. 이 글을 학부모님들도 읽을 텐데 핀잔을 들을지도 모를 일이다. 90년대 들어와 하나 둘 자가용이 늘어나면서 술 먹는 일이 많이 줄어들었지만 그 이전에는 퇴근길에 주막집으로 직행하는 일이 꽤 많았다. 가면 이미 다른 선생님들이 와 있고 우리는 자연스럽게 합석을 하여 교육계 현안부터 정치 얘기까지 안주삼아 술을 마시곤 했다. 때로는 2차로 이어져 생맥주나 맥주로 입가심을 하기도 했다. 술집에서 이웃학교 선생님들을 만나 통성명을 하고 알고 지내게 되는 경우도 종종 있었다.

세간에선 선생님들이 백묵가루를 많이 마시기 때문에 돼지고기 하고 막걸리를 많이 마신다는 얘기들을 한다. 탄광노동자들이 돼지고기와 막걸리를 즐기는 건 사실인 것 같다. 실제로 돼지고기가 중금속 배출에 도움을 준다고 한다. 그러나 교사들이 퇴근길 술 한 잔씩 나눴던 것이 백묵가루를 배출하기 위한 것은 아니었다. 퇴근길에 잠깐 들러 두서없는 대화를 나누며 오붓한 정을 나누는 것, 그것이 목적이었다.

마신 술값은 학교별로 마련된 외상장부에 기재가 되고 월말에 학교별 총무가 장부를 가져다가 참석한 사람 수대로 나누어 수금을 했다. 수금된 외상값을 갚으러 가서 총무는 또 공짜 술 한 잔을 얻어먹곤 했다. 그 때 같이 술을 마시던 동료교사들이 지금은 교장선생님 교감선생님들이 되었고 많은 선배 선생님들이 정년퇴임을 하셨다.

지금은 어떻게들 지내고 계신지 궁금하다. 가끔 술 한 잔씩 하시며 현직에 계실 때를 회상하시기도 할 것이다.

선생님에게 박수를

기업을 바라보는 우리 국민들의 시각이 다른 나라에 비해서 부정적이라는 조사 결과를 뉴스를 통해 들었다. 어떤 연유로 그런 시각을 갖게 되었는지는 모르겠으나 그것이 우리 경제에 미치는 부정적 영향은 클 것이다. 노사문제를 쉽게 촉발시킬 수도 있고 외국자본의 국내유치를 저해하는 요소가 될 수도 있다. 기업인의 사업의욕을 꺾을 수도 있고 사회통합을 깨뜨리는 요인으로 작용할 수도 있다.

국민들이 기업과 기업인을 긍정적인 시선으로 바라볼 때 우리 경제는 한층 탄력을 받아 발전할 수 있을 것이다. 기업뿐만이 아니다. 국민들이 정치를 바라보는 시각도 지나치게 부정적임을 부인할 수 없다. 상당 부분 정치가에게 책임이 있지만 국민들의 맹목적인 부정적 시각도 재고의 여지가 있다.

그렇다면 우리 교육계를 보는 국민들의 시각은 따뜻하고 긍정적인가. 결코 그렇지 않다. 언젠가 교원평가제에 대한 국민들의 의견을 듣는 라디오 프로그램을 청취한 일이 있다. 학교와 교사들에 대한 국민들의 생각은 한 마디로 불신 그 자체라는 것을 금방 알 수 있었다. 교사들을 이기적인 집단, 철 밥통을 차고앉은 집단, 촌지나 받고 폭력이나 행사하는 집단으로 매도하는 의견도 있었다.

다른 여러 가지 요인이 있음에도 모든 책임을 교사에게 전가시켜 도마 위에 올려놓고 난도질을 하는 듯한 발언을 서슴지 않았다. 교단엔 천차만별의 교사가 있다. 실력도 인성도 개성도 만인각색일 것이 아닌가. 한 가지 사례를 들어 모든 교사를 매도하고 같은 잣대로 모든 교사를 재단하려 한다면 그것은 온전한 시각일 수 없다.

다양한 특성의 교사들과 접함으로써 학생들은 자아를 발견하고 사회성을 기르고 자신만의 개성을 발전시켜 나가게 된다. 천편일률적인 부처님 가운데 토막 같은 선생님뿐이라면 어떻게 많고 많은 다양한 개성을 가진 아이들을 길러낼 수 있단 말인가.

기업과 정치에도 긍정적인 지지를 보내야 하는 것처럼 교육에 대해서도 따뜻하고 애정 어린 시선이 절실하게 요청된다. 자신이 몸담고 있는 국가 사회에 오로지 부정적이고 냉소적인 태도로 일관한다면 결코 옳다고 할 수 없다. 기업을 바라볼 때도 긍정적이어야 하고 정치에도 때로는 힘찬 박수를 보내야 한다.

마찬가지로 교육에도 맹목적인 비난의 화살을 당길 게 아니라 건전한 참여가 요구된다. 그러나 국민들의 비판에 다소 과장은 있을지언정 전혀 근거 없는 것이 아니라면 교육계의 자성도 절실하게 요망되는 것이다. 교육자로서 한 점 부끄러움도 없어야 한다.

새 학기를 준비하며

새 학기가 곧 시작될 것이다. 지금 학교에서는 졸업식이 거행되고 있다. 학생들은 3년 혹은 6년 동안 다니던 정든 학교를 졸업하고 새로운 꿈을 찾아 힘차게 교문을 나서고 있다. 8살짜리 꼬마로 입학해 6년 동안 열심히 몸도 크고 마음도 자랐다. 제일 막내둥이에서 이제는 제일 맏형, 맏언니가 되어서 졸업을 하는 것이다.

중고등학교도 마찬가지다. 입학할 때는 어린 티가 보이다가도 졸업할 때 쯤 되면 체격도 커지고 지식도 인격도 몰라보게 성숙되어 졸업을 하게 된다. 대학교에 들어가도 마찬가지다. 1학년 때는 발랄하고 어려만 보이다가 4학년이 되면 체계적인 학식이 몸에 밴 의젓한 어른의 모습이 되어 사회로 진출하는 것이다.

처음 유치원을 보내는 엄마 아빠들의 마음은 또 얼마나 설렐까. 만만치 않은 교육비 때문에 걱정을 하면서도 학부모가 되었다는 뿌듯함에 가슴이 벅찰 것이다. 유치원생이 된 아이들은 또래 아이들과 함께 열심히 단체생활의 예절을 배우고, 시간을 지키는 법, 혼자서 식사하는 법, 친구들과 사이좋게 노는 법, 교통질서 지키는 법 등 다양한 기본생활태도를 배우게 될 것이다.

이렇게 교육에 의해서 아이들은 인격과 학문을 닦으며 성장하여 우리나라 일꾼들이 된다. 교육의 중요성은 아무리 강조해도 부족하다. 사람은 교육에 의해서 전문 지식을 쌓고 전문 기술을 익혀 직업을 갖게 되고 그 기술 그 지식으로 경제적 자립을 이루게 된다. 교육은 도덕적인 사람을 만들고 사회에 유익한 인간을 길러낸다.

교육이야말로 인류발전의 원동력이며 질 좋은 인생을 살기 위한 기반이 된다. 이제 곧 새 학기가 시작된다. 모든 학교가 졸업식을 끝내면 또 입학식 을 준비한다. 신입생을 배정 받고 배치고사를 치루고 반 편성을 하게 된다.

담당 업무와 담임이 결정된다. 공립학교에서는 5년에 한 번씩 학교를 옮겨야 하기 때문에 대략 5분에 1정도의 교사들이 해마다 이맘때면 자리 이동을 하게 된다.

우리 학교 영어 선생님 한 분도 다른 학교로 발령이 났고 한 분은 1년간 어학연수를 위해 미국에 체류할 예정이란다. 두 분의 영어교사가 또 새로 와야 한다. 교과협의회를 거쳐 학년별 학급별로 수업시간을 조정하는 작업이 남았다. 또 3학년을 맡아야 할지, 아니면 1학년을 맡는 것이 어떨까 생각 중이다. 새로 오시는 선생님들 의견도 들어봐야 되기 때문에 아직은 마음을 정하지 못하고 있다.

올해는 작년보다 더 열심히 해야겠다는 각오를 다지고 있다. 철저하게 교재연구를 해야 자신감이 생기고 수업을 활기차게 할 수 있다. 동기를 유발할 수 있도록 수업을 재미있게 이끌어가는 것도 수업성공의 요건이다. 올해는 지난해보다 더 향상된 질 좋은 수업을 해야겠다고 다짐한다.

교재는 몇 권 정도가 좋은지. 교재 선택 시 난이도에 유념해야겠다는 생각도 든다. 수업진도는 어떤 속도로 나가야 좋은지. 기본단어를 숙지케 하기 위해서는 어떤 전략을 짜야 하는지. 3학년에서 짚고 넘어가야 할 문법문제는 어떻게 다루어야 할지 계획을 세워 실천해볼 생각이다. 듣기 말하기는 어떻게 해야 효율적인지 또 교사의 일방적인 설명보다 학생들이 참여하는 능동적인 수업은 어떻게 가능한지도 짚어볼 것이다. 만반의 태세를 갖추고 나는 3월 첫 수업에 임할 준비를 하고 있다.

영어 학습의 비법

전국은 지금 영어열풍에 휩싸여 있다. 영어의 중요성은 아무리 강조해도 부족하다. 영어를 잘 해야 좋은 대학에 가고 좋은 직장도 들어갈 수 있다. 그래 젖먹이들을 데려다 학원에 앉히고 영어발음을 좋게 한다면 혀를 늘이는 수술까지 하는 해프닝이 벌어지기도 했다.

어디 그뿐인가. 외국에 조기 유학을 시키면 영어 하나는 확실히 습득할 것이라며 많은 돈을 들여 외국으로 자녀를 보내고 있다. 아무래도 나는 이러한 현상을 기현상으로 밖에는 볼 수가 없다. 국내에서도 얼마든지 영어공부를 잘 할 수 있기 때문이다. 물론 영어가 국제 언어(International Language)로 전 세계에서 통용되고 있다. 영어를 잘 하면 한층 강한 경쟁력을 갖추게 된다. 그래 어학자본이란 말을 쓰지 않는가.

문제는 영어를 습득하기 위한 방법이 매우 비합리적이라는 데 있다. 날마다 매스컴의 광고란을 장식하는 수많은 영어비법에 지금 전 국민이 현혹되어 혼란과 시행착오를 거듭하고 있다. 듣기만 하면 귀가 열린다든지, 몇 개월에 영어를 마스터할 수 있다든지. 중학교 학생이 토익 만점을 맞았다며 비법을 소개하는 책에서부터 영어공부 절대로 하지 마라는 도발적이고 선정적인 제목의 책이 서점가에 돌풍을 일으키기도 했다. 나도 그런 광고를 보고 정말 어떤 비법이 있을 것 같아서 몇 차례 그런 책을 사보기도 했다. 그러나 한결같이 책 내용대로 실천하기가 쉽지도 않을 뿐더러 저자의 주장대로 그렇게 실력이 향상될 수 있을까 의구심만 남을 뿐이었다.

어떤 사람의 특이한 경험이 모든 이에게 통용될 수는 없다. 영어 학습의 비법은 결코 따로 있을 수 없다는 내 나름의 결론을 재확인하는데 그칠 뿐이었다. 나도 중학교 입학과 함께 영어를 배우기 시작하여 대학에선 영문학을 전공하고 고등학교 영어교사로서 30년 가까이 근무하고 있지만 누가 영어를 잘 하려면 어떻게 해야 되나요? 하고 질문이라도 해오면 난감하기 짝이 없다. 아무리 생각해도 어떤 비법이 떠오르지 않는 것은 물론 영어공부를 어떻게 하라고 얼른 답변하기가 여간 곤란한 게 아니기 때문이다.

영어를 잘 하려면 어떻게 해야 할까. 어떤 비법을 염두에 둘 것이 아니라 국제적인 마인드를 가지고 우직하게 공부하는 것이 최고의 방법이다. 수많은 광고에 현혹되면 오히려 방향감각만 상실된다. 복잡한 거리에서 어디로 가야할지 목표를 정하지 못하고 방황하는 꼴이다. 좋은 책이라며 소개받은 이 책 저 책을 옆에다 잔뜩 쌓아 놓아보자. 세계적 권위자가 펴낸 책이라며 혹은 세계적 명문대학 출판부에서 펴낸 교재라 하여 이것저것 각종 테이프를 학생의 책상에 쌓아 놓아보자. 사용하지 않으면 다 무용지물에 불과하다. 한 번 들춰보지도 않은 채 낡아가고 이삼 년 후면 쓰레기장으로 직행하게 된다.

학생들이 비효율적으로 영어 공부를 하고 있다. 선택한 한 권의 책이라도 꼼꼼히 다 끝내야 하는데 많은 문제집을 수박겉핥기 식으로 공부하고 있다. 학원과 해외연수가 필요하긴 하겠지만 필수과정은 아니다. 물론 주변 학생들에게서 자극을 받아 공부에 더 전념하게 되거나 학습동기를 유발시킬 수 있는 계기가 되기는 할 것이다. 그러나 그것이 곧 실력 향상으로 이어지지는 않는다. 개인적인 노력이 절실히 요청되는 것이다. 학교공부와 자율학습만으로도 의욕만 있다면 얼마든지 공부할 수 있다.

외국어 공부도 기본으로 돌아가야 한다. 우선 한 권의 책이라도 처음부터 끝까지 차분히 마스터 해보자. 단어와 숙어부터 문법에 이르기까지 완전히 마스터해야 한다. 그때 비로소 자신감이 생길 것이다. 단어와 숙어는 건축할 때의 벽돌처럼 영어 공부의 기본이고 필수다. 이렇게 한 권의 교재만 마스터해도 두 번째 책은 한결 쉬울 것이다. 학생들은 상당량의 부교재를 산다. 그러나 내 노력으로 처음부터 끝까지 봐야 하는데 대충 훑어보고는 그대로 내버린다. 다시 또 새 책을 시작하지만 그것도 마찬가지다. 교사의 진도에 따라 책장이나 넘기다가 그대로 내버리기 일쑤이다.

현대는 대량 생산 대량소비의 시대다. 물건들로 넘쳐나는 세상이다. 스스로 올바른 판단조차 하기 어려울 만큼 물건이 넘치고 광고가 넘쳐난다. 책도 이윤을 목표로 기업에서 만들어 낸다. 막대한 이윤을 창출하기 위해서 소비자인 학생과 학부모를 온갖 방법으로 유혹하고 있다. 그 광고에 현혹되어 방향감각을 상실해서는 안 된다. 쇼핑중독에 걸린 사람처럼 이 책 저 책 이 학원 저 학원으로 우왕좌왕하다가 차분히 공부할 기회를 놓칠 수도 있다.

영어공부를 잘 한다는 것은 읽고 쓰고 듣고 말하기에 익숙해진다는 것이다. 곧 기본 어휘와 기본 문법부터 시작해야 한다. 영어습득을 막연한 추상적인 것으로 파악하여 엉뚱한 곳에 시간과 돈과 정력을 낭비할 것이 아니라 내가 가지고 있는 한 권의 책으로부터 어휘를 익히고 영어식 표현을 익혀야 한다. 너무 어려운 책을 붙들고 씨름할 것이 아니라 쉬운 책부터 해나가야 한다. 테이프를 통해서라도 원어민 발음에 익숙해지도록 해야 한다. 꾸준히 계속해야 한다. 공부는 습관이란 말이 그래서 타당한 것이다.

백만 원짜리 과외를 한다고 해서 어찌 영어가 저절로 몸에 배겠는가. 외국에 나간다고 해도 귀에 들리는 것은 극히 제한된 일상생활에서 통용되는 영어 외에는 별 소득이 없는 것이다. 외국에 나가서도 독서를 하면서 사전을 찾고 단어를 외우고 듣고 말하는 연습을 게을리 하지 말아야 수준 있는 영어 습득이 가능하다고 한다. 뜻만 있으면 얼마든지 국내에서도 고급영어를 습득할 수 있다. 노력 외에 어떤 비법이 있을 리 없다. 배움엔 왕도가 없다(There is no royal road in learning.)고 하지 않는가.

학교 교실에는 학습서들로 넘쳐난다. 한 권의 학습서를 완전히 이해하고 다른 학습서를 공부하면 두 번째 학습서는 한결 쉬울 텐데, 한 권의 학습서를 대충 답만 맞춰보고는 집어치우는 오류를 반복하고 있다. 그래 고등학교 3년 동안 많은 학습서를 공부했으면서도 기초가 없어서 낭패를 보기도 한다. 한 권의 문법책, 한 권의 교과서를 소홀히 하지 말고 정성스럽게 공부한 후에 다른 책을 선택해야 한다. 기본 어휘 기본 문법에 충실할 때 그 다음 단계로의 이행이 순조롭고 효과도 배가 된다. 많은 교재 많은 학원 수강에 집착하기보다 스스로 나의 공부법을 찾아야 한다.

우리가 혹시 학원이나 출판사의 상업논리에 휘둘리고 있는 것이 아닌지 모르겠다. 차분하게 목표를 가지고 한 권의 책부터 시작해보자. 철저한 예습 복습으로 어휘를 다지고 여러 번 읽고 기본 문법에 충실하자. 한 권을 다 끝 낸 후에 한 고지를 정복했다는 뿌듯함을 갖게 될 것이다. 그리고 또 다른 고지를 목표로 할 때 훨씬 쉽고 즐겁게 그 곳에 오르게 될 것이다.

학교 화장실은 안녕하십니까?

여러 학교로 전근 다니면서 저절로 체험도 하게 되고 비교도 하게 되는 게 바로 각 학교의 화장실 문화다. 화장실은 결코 지저분하고 더러운 공간이 아니라 꼭 필요하고 소중히 다루어야 할 주거공간이며 생활공간인데 화장실을 사용하고 관리하는데 있어서는 어떤 장소보다도 소홀히 하고 있다.

한 때 우리나라의 화장실 문화는 형편없기 짝이 없었다. 그런데 언제부터인가 화장실 개선운동이 전개되더니 요새는 공공장소의 화장실이 많이 좋아져서 쾌적하고 깨끗한 화장실을 자주 보게 된다. 그러나 아직도 개선의 여지가 많이 남아 있고 특히 관리가 잘 안 되고 있는 곳이 공교롭게도 학교 화장실이다.

신설학교의 화장실은 비교적 깨끗한 편이다. 최신식 수세식으로 만들어졌기 때문이다. 그러나 옛날에 지어진 학교 건물의 화장실은 재래식 화장실이다 보니 학교의 구석진 곳에 위치하고 있어 학생들 흡연 장소로 이용되기에 알맞은 장소가 되었다.

전에 근무하던 모 학교의 재래식 화장실은 사람들 눈에 얼른 띄지 않는 곳에 설치되어 있어서 그런지 오후 퇴근 무렵에 들러보면 담배꽁초가 소변기 바닥에 수북이 쌓여 주번교사가 아이들을 데리고 한 됫박씩 수거해야 하는 수고를 날마다 해야 했던 일이 있었다. 뿐만 아니라 흉측한 낙서가 눈살을 찌푸리게 했다.

그렇다면 수세식이라고 해서 신설학교의 화장실은 잘 관리되고 있는가? 관리가 안 되고 있기는 마찬가지다. 대변기 소변기가 막혀 배설물이 콸콸 밖으로 쏟아져 나오는가 하면 소변기 이곳저곳이 깨져있거나 담배꽁초나 오물이 그대로 변기 속으로 유입돼 막혀버리는 일도 비일비재하다. 변기통은 시커멓게 때가 묻고 오물이 묻어 악취가 코를 찌르곤 한다.

담당학급이 조금만 더 관심을 가지고 청소에 임한다면 이 지경까지는 되지 않았을 텐데. 담임선생님들도 별반 신경 안 쓰고 담당학생들조차도 코를 막고 몸을 사리는 지경이니 쉽게 개선될 리가 없다.

이러한 사소한 일부터 의식의 개혁은 이루어져야 한다. 휴지 하나 담배꽁초 하나라도 변기에 들어가지 않게 하려는 사려 깊은 마음이 요청된다. 소방호스를 들이대듯 물만 잔뜩 뿌려대는 것도 아주 그릇된 화장실 청소방법이다. 물이 흥건한 화장실은 미끄러질 위험이 있을 뿐만 아니라 들어서기도 여간 불편한 게 아니다.

화장실 바닥에 물기가 없도록 하는 것은 화장실 청소의 기본 요령인데 잘 이루어지지 않고 있다. 화장실 청소 요령에 대해서는 담당선생님조차도 간과하고 만다. 아이들도 대충대충 물이나 뿌리고 끝내버리는 악순환으로 학교의 화장실은 가장 낙후된 학교 문화의 하나로 남아 있다.

화장실을 제대로 청소하려면 솔을 가지고 대변기와 소변기를 싹싹 문지르는 것부터 해야 한다. 그리고 화장실의 세면대를 반짝반짝 윤이 나도록 닦고 앞의 거울을 깨끗이 닦은 다음 마른걸레로 물기를 닦아내야 한다. 지저분한 화장실에 들어서면 얼마나 기분이 상하는지는 체험으로 다 알 것이다. 반면에 깨끗하고 쾌적한 화장실을 이용하고 난 다음의 상쾌했던 경험도 있을 것이다.

학교에서부터 국민기본교육 차원에서 올바른 화장실 이용법과 관리법을 배우고 익혀 습관화해야 한다. 학교의 화장실과 가정의 화장실은 다 소중한 우리의 생활공간이다. 교육의 현장인 학교의 화장실이 그 어떤 공공장소의 화장실보다도 관리가 안 되고 있는 것은 반드시 개선되어야 한다.

한 가지 의견이 있어서 제시해 보기로 한다. 화장실의 악취와 하수구 배관이 녹스는 것을 방지하기 위해 유익한 미생물군인 EM(Effective Microorganisms)을 이용해보는 것이다. 쌀뜨물에 EM원액과 흑설탕을 각각 100분에 1씩 타서 유익한 미생물(EM)을 배양한 다음 그 배양액을 50내지 100배의 물에 타서 화장실 변기에 뿌리면 세제를 따로 쓰지 않더라도 쾌적한 화장실을 유지 하는데 효과가 있다.

1L 정도 양의 EM원액(4000원정도)을 구입하면 몇 개월을 사용할 수 있어 전혀 돈이 들지도 않는다. 우리의 학교 화장실이 학교당국과 학생들의 관심 속에 쾌적한 공간으로 거듭나기를 기대한다.

잠만 자는 학생

지금 학교에서 자녀들이 열심히 공부에 열중하고 있다고 학부모님들은 생각할 것이다. 물론 많은 학생들이 열심히 공부하고 있다. 그러나 또 상당수의 학생들이 그렇지 않다. 하루 종일 휴대폰을 손에서 놓지 않고 수십 건씩 문자를 날리고 있거나 아니면 첫 시간부터 계속 눈이 빨개지도록 잠만 자고 있을 수도 있다. 설마 우리 아이는 아니겠지 할 것이다.

학생들이 대학을 향해 잠시도 긴장을 늦추지 않고 총력을 경주하고 있는 것이 아니라 학생들은 온종일 졸음과 전쟁을 벌이고 있고 교사들은 아이들 잠 깨우고 수업분위기 조성하려고 매 시간 실랑이를 벌이고 있다. 물론 하나라도 놓치지 않으려고 선생님의 강의 내용에 정신을 집중하는 학생들도 있다. 그러나 상당수의 학생들은 왜 학교에 나온다는 자각도 없이 학습의욕도 상실한 채 교과서는 꺼내놓지도 않고 잠을 자거나 휴대폰 메시지를 보내거나 엠피쓰리를 귀에 꽂고 시끄러운 음악에 몰입해 있다.

이렇게 말씀 드리면 그럼 교사는 뭐하는 건가, 학생들을 이끌어 수업을 하도록 지도해야 하는 것 아닌가 하고 항의를 하거나 교사의 업무태만을 나무라기도 할 것이다. 그러나 교사가 태만하거나 능력이 없어서 그런 현상이 벌어지고 있는 것이 절대 아니다. 우리 교육의 구조적인 모순이 있기 때문에 벌어지는 현상이다. 거의 예상 시험문제를 알려 줄 정도로 힌트를 주어도 아무런 관심을 기울이지 않을 만큼 상당수의 아이들은 이미 학습에 흥미를 잃고 있는 것이다.

정부의 교육정책에 따라 학교에서 짠 스케줄에 따라 맹목적으로 휩

쓸려 간다고나 할까. 좋은 대학에 대한 막연한 선망이야 가지고 있겠지만 좋은 대학에 입학하기 위해 응당 요청되는 노력을 기울일 만큼 학습의욕에 불타고 있는 것은 아니다. 그들의 관심과 흥미는 공부가 아닌 다른 것에 있는 것이 분명하다. 운동장에 가서 공차고 싶고 친구와 어울려 놀러 다니고 싶고 PC방에 가서 게임하고 싶은 것인지 모른다. 하다못해 주유소에라도 가서 아르바이트라도 하고 싶은 생각으로 가득 차 있는 것인지도 모른다.

기본적인 욕구조차도 충족되지 않은 상태에서 빽빽하게 짜인 학교의 시간표에 따라 새벽부터 밤늦게까지 공부만 하게 되어 있으니 정신을 집중하여 공부한다는 것이 고역일 수밖에 없고 처음부터 무리인 것이다. 물론 학생들의 소질과 능력엔 차이가 있다. 일류대학에 갈수 있는 학생들은 제한적일 것이고 전국의 그런 학생들끼리 경쟁을 벌인다고 보아야 할 것이다.

어떤 때는 잠자고 있는 학생들을 망연히 바라보며 내가 어떤 죄를 짓고 있는 것이 아닌가 자신을 돌아보기도 한다. 너무 내용이 어려워 이해하지 못하기 때문에 흥미를 잃은 것이 아닌가 하여 기초부터 차근차근 설명을 해보지만 아이들의 무관심이 극에 달한 것이 아닌가 생각될 때도 있는 것이다. 나름대로 어떤 해법이 있을까 생각도 해보지만 잘못 흘러가고 있는 저 거대한 교육의 물줄기를 어떻게 해볼 수는 없는 것이다.

교사의 목소리가 귀찮은 잔소리거나 잠을 불러오는 자장가로 들리기도 할 것이다. You may take a horse to the water, but you cannot make him drink.(말을 물가로 데리고 갈 수는 있어도 말에게 물을 먹게 할 수는 없다.)는 서양의 속담도 있지만 잠만 자는 학생, 교과서도 꺼내놓지 않고 장난만 하고 있는 학생에게 차분하게 공부에 열중하게 할 수 있는 비법이 얼른 떠오르지 않아 답답하다.

그 학생들의 수업 방해로 교사들은 엄청난 에너지를 수업외적인 것에 소모하고 있다. 조용히 해라, 떠들지 말라, 여기 봐라, 칠판 주목! 쓸데없는 말을 수업 중에 수도 없이 반복하는 것이다. 그들의 잠버릇과 수업 중 장난치는 것은 이미 습관화 되어 있는 듯도 하다. 장난하기 좋은 아이들끼리 옆에 붙어 앉아 시너지효과까지 발휘하며 수업분위기를 흐려놓는다.

물론 전부가 그런 것은 아니다. 열심히 하는 학생들도 많다. 능력별로 반편성이 이루어진 것이 아니니 항상 손해를 보는 쪽은 열심히 공부하려는 학생들이다. 수업분위기를 해치는 학생들 때문에 교사의 언성이 높아지고 그들에게 수업에 임할 것을 권고하면서 시간이 낭비되고 있는 것이다. 이런 상황이 공부하려는 학생들의 집중도를 떨어트리기도 하는 것이다.

요새가 계절이 바뀌는 환절기라 더 그런지 생각해보기도 한다. 이제 완연한 가을이 되면 다시 마음을 가다듬어 학습의욕을 되찾고 스스로에게 학습동기를 부여하여 공부에 매진하게 될 것으로 기대를 해보기도 한다. 그러면서 또 그들이 잠자고 떠드는 데에는 충분한 이유가 있다는 생각을 저버리지 못한다. 젊은이들은 항상 무한 경쟁으로 내몰리고 있는 것 아닌가. 대학뿐 만이 아니라, 취직도 그렇고 결혼의 문제, 군 입대의 문제 등 순차적으로 해야 할 많은 과제 앞에 그들이 짊어진 짐이 얼마나 무거울까 동정의 마음이 앞서기도 한다.

잠을 자고 떠들면서도 자신의 장래에 대해서는 마음속으로는 다 대처하고 있기도 할 것이다. 일류대학을 외치고 만날 공부만을 누누이 강조하는 것은 매너리즘에 빠진 어른들의 잘못된 행태일 수도 있다. 어른들의 잘못된 교육시책과 자녀들에 대한 과도한 기대와는 별개로 그들의 소담스러운 꿈은 기성세대 몰래 그들 마음속에서 알알이 영글어가고 있는 것인지도 모른다. 잠자는 학생 떠드는 학생들도 나름대로 계획이 있고 목표가 있을 것이다.

공부와 대학만을 강조하는 교사가 시시해보이고 귀찮고 뭘 모르는 사람처럼 보이기도 할 것이다. 그들을 나무라고 윽박지를 것이 아니라 사랑으로 감싸줄 수 있는 방법이 무엇일까 궁리해보기도 한다. 우리들의 학교가 활기에 넘쳐 풍성하게 꿈이 영글어가는 교육현장이 되려면 무엇을 어디에서부터 손을 써야 하는지 이리저리 궁리를 해보기도 한다. 무슨 수를 써서라도 아이들이 잠만큼은 충분하게 잘 수 있도록 해주어야 할 것이다.

어른들의 잘못된 시책으로 그 아름다운 청춘을 잠도 제대로 못자고 잠하고 전쟁을 벌이고 있는 것이 안타깝기 그지없다. 계절이 점점 가을로 들어서는 요즈음 우리 아이들이 건강하게 의욕적으로 꿈을 가꿀 수 있는 방법이 무엇일까 생각해본다. 잠만 자고 떠들기만 하는 저 학생들에게도 소담스러운 꿈이 영글어가고 있다고 확신을 가져보기도 한다. 문제는 바로 잘못된 교육 시스템, 맹목적인 학벌 지상주의일 것이다. 그 잘못된 교육관행에 아마 그들은 가장 정당하고 온건한 방법으로 저항하고 있는 것인지도 모른다.

교직단상

오랫동안 교직에 몸담고 있지만 원래 나의 꿈은 다른 곳에 있었다. 청소년 시절 여러 가지 꿈을 품어보며 장래를 그려보았다. 여러 역사적 인물들의 전기를 읽으며 꿈과 연결시켜보곤 했다. 그 중에 페스탈로치도 하나였다. 마을길이나 마을의 공터를 다니며 아이들이 다치지 않도록 휴지나 깨진 유리 등을 줍는 교육자 페스탈로치의 모습은 오랫동안 내 뇌리에 각인되어 존경의 대상이었지만 내가 장차 교사가 되겠다는 꿈은 부차적이었다. 교사의 꿈을 갖질 않았다는 게 정확하다.

회사에 잠시 다니다가 어떤 계기가 있어서 교직에 들어왔던 것이다. 70년대 후반이었다. 당시는 교직이 그다지 인기직종이 아니었다. 우리나라의 경제부흥기이기도 했던 때라 이력서만 넣으면 여러 군데서 면접을 보러 오라, 시험을 치러 오라는 답장이 쇄도했던 시기라 취직이 큰 문제가 아니었다. 당연히 남자들은 회사 진출을 선호하고 교직을 택하지 않았다. 남교사를 선호했던 사립학교에서는 사람을 대학에 보내 열심히 남자교사를 확보하려는 움직임도 있었다.

학과장실에서 수도권 어디어디에서 남자교사를 보내달라는 연락이 왔으니 지원하라는 전갈이 와도 우리는 대부분 시큰둥하게 별 반응을 보이지 않았다. 아마 서울이라면 몰라도 하는 꼼수도 있었지만 교직이 아니라도 얼마든지 회사에 취직할 수 있었기 때문이기도 했다. 그래 나도 교사를 지원하지 않고 모 제약회사에 입사했던 것이다. 그러나 회사라고 해서 다 적성에 맞고 장래가 보장되는 것은 아니지 않는가.

신입사원 교육을 마치고 내가 배치된 곳은 한 지방의 지사였다. 그것까지는 괜찮은데 전공인 영어를 활용할 기회는 전혀 없는 직종이었다.

영업사원이다 보니 전공지식이 업무에 보탬이 되는 게 아니라, 사람들 구미를 잘 맞추고 없는 말 있는 말 너스레를 떨며 장사 수완을 보여야 실적을 올릴 수 있고 회사로부터도 인정을 받는 직종이었다. 결국 회의가 생겨 전공을 살릴 수 있는 직장을 찾는 중에 교직을 택했던 것이다.

물론 방송국이나 신문사에 관심이 있었지만 만학으로 인해서 연령 제한에 걸렸다. 교직에 들어와서 첫 월급을 받아보니 13만 원 정도였다. 회사에선 19만 6천원을 받았었다. 교사 월급이 회사 월급의 3분의 2 수준에 불과했다. 그뿐이 아니었다. 회사에선 영업사원에게 교통비와 숙박비, 식대가 따로 책정돼 나오고 실적을 초과 달성하면 상당한 인센티브가 주어지기도 했다.

그러나 왜 그렇게 마음은 편했을까? 월급은 훨씬 적었지만 전공한 지식을 활용하는데서 오는 자신감은 충만했다. 어렴풋이 평생 직업이라는 자각이 들었다. 그 후 나는 사립학교에 오래 근무하다가 다시 공립학교로 옮겨 31년째 교직에 몸담고 있다. 물론 한 번도 경제적으로 여유로웠던 때는 없었다. 그러나 불경기에 시달리거나 부도가 나 고생한 적은 없었다. 풍족하지는 않았지만 적은 대로 절약하며 이제껏 지내온 것이다.

회사에 다니는 친구들을 얼마나 부러워했는지 모른다. 승승장구하며 승진하는 친구들 앞에 내 모습이 얼마나 초라하게 보였는지 모른다. 그렇게 친구들 앞에 오금을 펴지 못하고 지내왔는데 몇 해 전부터 상황이 바뀌었다. 은행 지점장을 하던 친구도 명예퇴직을 하고 대기업 부장을 하던 친구들도 하나 둘 명퇴를 하더니만 어떤 친구는 부동산 중개사로 새로운 삶을 시작하고 어떤 친구는 빌딩 보일러 관리원으로 새로 일자리를 얻어 지내고 있다.

이 친구들을 만나면 은근히 나를 부러워하는 눈치다. 물론 친구들 월

수입이 전엔 나보다 훨씬 많았을 것이다. 퇴직 후의 대책은 미리 다 세워놓았을 것이다. 또 상당액의 명퇴수당을 지급받기도 했을 것이다. 그렇긴 해도 오십 전후에 몸담았던 직장을 내놓던 심정이 어떠했겠는가. 오히려 전보다 더 바쁘게 일하며 월수입도 더 많아 희색이 만면한 친구도 있다. 그러나 다 그런 것은 아니다. 많은 친구들이 고전을 면치 못한다. 예전의 수준엔 어림도 없다.

교직에 대한 새로운 분위기가 형성된 것은 사실이다. 아마 IMF사태 이후부터일 것이다. 사범대학과 교육대학의 인기가 치솟아 상한가를 연일 갱신하지 않았던가. 그래서 교사에 대한 선호도가 날로 높아져 요새는 사윗감이나 며느릿감으로 교사가 단연 인기가 있다. 각종 여론 조사가 그것을 입증하고 있다. 엄청난 경쟁을 뚫고 사범대학에 들어가 교육자의 꿈을 불태우던 수재들이 교직 문전에서 좌절을 겪기도 하는 실정이다.

해마다 십오 대 일, 이십 대 일을 넘는 경쟁 때문에 학창시절 이름을 떨치던 수재들이 고전하는 모습이 목전에서 벌어지고 있으니 이 또한 세태의 변화에 따른 새로운 풍속도가 아닐 수 없다. 지켜보는 선배교사로서도 안타깝다. Y대를 나와 S대에서 석사학위를 하고서야 올해 처음 도전했다는 딸도 낙방했다며 친구는 허탈한 심정을 전화로 알려왔었다. 서울 강남의 한 중학교 입학 배치고사에서 일등을 하고 외국어고등학교를 우수하게 졸업한 재원이 교직의 문턱에서 좌절된 것이다.

교직이 과연 그렇게 인기 있는 직종인가. 나는 가끔 의문을 제기하고 있다. 모든 직종이 다 그렇겠지만 교직도 적성에 맞는 사람이 있다. 적성을 고려치 않고 단지 안정성 때문에, 세속적 평판 때문에 많은 수재들이 너도나도 교직의 문을 두드리는 것은 우리 사회의 구조적 모순을 반영하는 병리현상일 수도 있다. 예나 지금이나 교사가 하는 일은 대동

소이한데 요 근래 와서 상한가를 갱신하며 인기 직종으로 부상하는 것은 그만큼 사회의 불안이 증폭됐다는 반증 아니겠는가. 또 타 직종의 근무여건이 그만큼 열악하다는 반증도 될 것이다.

물론 타 직종 경쟁률도 상당히 높다는 걸 감안해도 최상위권 학생들이 사범대를 지원하는 작금에 그 수재들이 벌이는 경쟁이 세태를 반영하는 듯하여 씁쓸하기도 하다. 물론 우수한 교사 확보차원에서 긍정적 요소도 있지만 예전의 경우와 비교하면 기현상으로 비치기도 하여 안타깝다.

그렇게 치열한 경쟁을 뚫고 교직에 입문했지만 새내기 교사의 고충은 또 산 넘어 산인 것이다. 국민 절대 다수, 아니 전 국민의 지대한 관심사일 수밖에 없는 교육은 안팎으로 항상 소란스러울 수밖에 없다. 요근래 첨예하게 마찰을 빚고 있는 교원평가제 논란만 해도 그렇다. 이를 둘러싸고 학부모 단체와 교사 단체, 교육부 사이에 첨예한 대립을 보이고 있다.

교직은 밖에서 바라보는 것 하고 실제 교육 현장에서 느끼는 것 하고는 많은 차이가 있다. 자잘한 일을 잡부처럼 떠맡아 처리해야 할 경우도 있고 가장 숭고한 사명을 제왕처럼 수행해야 할 경우도 있다. 작금의 교직 선호 추세도 경계해야 할 일면도 있다. 교직의 사명과 업무는 도외시한 채 단지 안정되고 보수가 좋으며 정년이 보장되는 곳이라는 인식만 팽배하다면 그것은 문제다.

내막은 모르고 막연한 추측성 선망이라면 국민들이 교직을 오해할 소지도 있다. 그렇게 좋은 자리에서 교육은 제대로 하지 않고 철 밥통을 차고 앉아 배부른 소리만 하고 있다는 반감의 소지도 배제할 수 없다. 내막을 모르면 엉뚱한 유언비어가 발 없이 순식간에 천리를 달려가기도 하지 않겠는가.

한때 '무서운 핵폭발 더 무서운 인구폭발' 이라며 인구 억제정책을 강력하게 추진하던 일이 엊그제 같은데 지금은 출산을 장려하기 위해서 갖가지 묘책이 속출하고 있다. 교직도 언제 또 기피 직종으로 추락할지 알 수 없는 일이다. 정부는 교사 수급 정책을 신중하게 세워 혼란을 사전에 예방해야 한다. 그리고 미래를 준비하는 학생들도 단지 안정성에 안주하려는 소극적 자세가 아니라 좀 더 진취적이고 원대한 목표를 세워 미래를 조망해야 한다. 우수한 학생이-물론 교과 성적이 우수한 학생만을 지칭하는 것은 아니지만- 교직을 선택하지 말라는 얘기가 아니다. 눈앞의 안정성만 보고 용이하게 현실에 안주하려는 생각을 경계하자는 것이다. 진정한 자기 성취의 길을 찾자는 것이다.

교육계는 요즘 많은 갈등을 빚고 있다. 교직의 특성을 국민들이 바로 인식하고 학부모와 교사와 정부가 머리를 맞대고 진지하게 해법을 모색해야 하는데 걸핏하면 피켓을 들고 너도나도 거리로 나서고 있다. 이 첨단 정보화 시대에 힘의 논리라는 게 꼭 그런 것이어야 하는가. 이 모든 현상이 어쩌면 현대 문명과 맞물려 발생하는 것일 수도 있다. 문명의 충돌, 욕구의 충돌일 수도 있다. 이런 대 격돌의 과정을 거쳐 새로운 개편이 이루어질 수 있을까? 날로 발전할 첨단 정보화 사회에서 교육이 어떻게 전개되어 나갈지 나로서는 얼른 판단이 서지 않는다. 국민 모두의 지혜를 모아 교육의 본질부터 논의의 대상으로 하여 대책을 세워야 한다. 교육계 내부에서도 진지한 모색이 이루어져 진정한 교육발전의 기틀이 마련되어야 한다.

평범한 공부법

공부는 막연하고 추상적인 것이 아니다. 공부는 구체적이고 현실적인 것이다. 공부는 사소하고 작은 디테일한 것이다. 이 경구 같은 말은 요새 내가 종종 교육현장에서 느끼게 되는 깨달음이다. 사소하고 작다는 것은 바로 세부적인 것에 세심한 주의를 요한다는 뜻이 될 것이다.

저 화려한 놀이공원, 저 현란한 텔레비전 쇼에 비하여 공부가 얼마나 작고 보잘 것 없어 보이는가. 조용히 책상에서 생각에 몰두해 앉아있는 모습은 초라하고 궁상맞아 보이기까지 한다. 그러나 그러한 작은 몸짓 속에 겨자씨 하나가 큰 나무로 자라나듯 무한한 희망의 씨앗이 내재하여 있는 것이다.

고등학교에서 교편을 잡고 있는 필자로서 학생들에게 누누이 공부를 강조하면서 종종 부딪히는 사례가 있다. 공부를 열심히 하고 성적이 우수한 학생과 공부에 소홀하고 성적이 좋지 않은 학생의 차이점이다. 공부하는 태도와 방법에서 무엇인가 확연하게 구별되는 것이 있다. 즉 사소하고 작은 것을 대하는 태도가 다르다. 교사가 설명할 때 사소한 것이라도 전자는 민감하게 반응하여 이해하려고 노력하는 반면 후자의 경우 거기에 부지런히 대처하기는커녕 그냥 놓쳐 흘려버리고 마는 일이 다반사인 것이다.

예를 들어 교사가 어떤 용어 하나를 설명한다고 하자. 교사는 일일이 강조하지 않고 그 용어를 설명하고 다음 장으로 넘어간다. 이 때 그 용어에 민감하게 반응하여 이해한 학생과 그냥 흘리고 넘어간 학생의 학습결과엔 당연히 큰 차이가 날 수밖에 없다. 그 용어 하나가 사소하고 작은 것일 수도 있지만 그 용어를 모르면 그 다음 학습이 불가능한 경우가 얼마든지 있기 때문이다. 그 용어, 혹은 그 단어 하나가 수많은 연결고리로 작용하여 학습향상에 중요한 역할을 하기 때문이다.

교사는 중요한 사항을 누누이 짚고 넘어간다. 낱말의 뜻 하나, 공식 하나, 문제 풀이 요령 하나를 지나는 말로 예사롭게 말할 수도 있다. 사소하고 작게 보일 뿐 중요하게 여겨지지 않을 수도 있다. 그러나 그것을 놓치지 않고 메모하고 이해하려는 학생과 놓쳐버리는 학생의 차이는 차후 그 실력에서 두드러질 수밖에 없다.

세상엔 무척 커 보이고 화려해 보이는 것들이 우리를 사방에서 유혹한다. 인터넷 세상은 말할 것도 없고 각종 매스컴이 전하는 세상 풍경은 우리의 정신을 황홀지경에 빠트리기 십상이다. 공부 문제만 해도 유학이니 해외연수니, 고액과외니 논술특강이니 하며 우리의 넋을 빼어갈 만큼 선정적인 내용 일색이다. 그러나 거기에 현혹되어 나를 망각한다면 결과는 어떻게 될까. 나의 위치, 나의 입장, 나의 방향을 잃어버리면 안 된다.

한없이 커 보이고 좋아 보이고, 내가 처한 현실과는 달리 화려하기만 하여 왕도처럼 보여도 그것을 곧이곧대로 믿어서는 안 된다. 진정한 공부는 작고 사소한 부분에도 세심한 관심을 요하기 때문이다. 보잘 것 없어 보이고 초라해 보이기까지 하는 것에서 가치를 발견하고 그 중요성을 깨달아 몰두해야 하는 것이 학습이다. 농촌이면 농촌, 중소도시면 또 거기에서 나의 여건에 맞게 겨자씨 같은 작은 것이 큰 나무로 자라날 수 있다는 희망을 품고 작은 일부터 충실하게 임하는 것이 바로 학습의 왕도인 것이다.

없는 돈 무리하게 마련하여 부자동네 행태를 기웃거린다든지 무리하게 해외연수를 계획할 것이 아니라 내 주변에 무수하게 널려 있는 작고 사소하지만 보배와 같은 지식의 소중한 원리들을 열심히 배워 익혀야 한다. 영어를 정말 잘 하려면 저 찬란한 학원광고, 해외연수 알선업체의 현란한 돈별이 전략에 말려들 것이 아니라 내 책상에 놓여있는 한 권의 책속에 담겨있는 심오한 원리를 깨우쳐 나의 것으로 소화하는 것이 우선이다.

현대인들은 모든 것을 무조건 돈과 연결시키려는 경향이 있다. 종교와 예술과 학문까지도 다 돈과 밀접하게 연결시키려한다. 그럼으로써 성과를 거두기도 하겠지만 종교와 예술과 학문이 경제적 가치, 물질적 가치에 지나치게 의존적이거나 종속적이어서는 안 된다. 그 고유의 권위와 가치를 견지해야 한다. 돈은 그것을 성취하기 위한 한 수단으로서 작용해야지 목적이 된다든지, 상위의 가치를 파괴하거나 능욕해서는 안 된다.

공부를 위해서 교육일번지로 가거나 해외로 떠난다 해도 그곳에서 저절로 학습이 이루어지지는 않는다. 거기에 가서도 작고 사소하게 보이는 것에 매달려 정진할 때만이 소기의 목적은 이루어진다. 과학자가 저 자연현상을 예리하게 관찰하듯이, 예술가가 삶의 제반 현상이나 자연 속에서 미적인 요소를 날카롭게 뽑아내어 작품으로 형상화하듯이 공부를 잘 하려면 교실에서나 도서실에서 작고 사소해 보이지만 중요한 교과서의 내용, 참고서의 행간을 정교하게 이해하는 일부터 해야 한다.

막연하게 높고 크고 먼 것을 바라보는 일은 저만치 목표로 걸어놓고 주변에 널려 있는 학습 자료에서 최대의 성과를 끌어내야 한다. 요새는 학습 자료가 넘쳐난다. 영어만 해도 인터넷, 교육방송, 각종 참고서, 테이프 등 마음만 먹으면 쓰레기더미에서도 얼마든지 학습 자료를 구할 수도 있다. 그런 내 주변의 자료만 샅샅이 섭렵해도 전 세계의 하늘을 자유자재로 날아다닐 수 있는 에너지를 충분히 비축할 수 있다. 과학자의 눈, 예술가의 감각을 가지고 주변의 사소하고 작은 것을 소중하게 생각하는 것이 무엇보다 중요하다.

아름다운 십대

십대 아이들은 부모의 보람이고 희망이지만 또한 짐이다. 매일 용돈을 줘야 되고 학원비를 대야 하고 입히고 먹여야 된다. 산업현장에서 일하지도 않고 용돈 하나 스스로 해결하지 못 한다. 아르바이트를 하는 아이들도 있지만 그것이 부모로서 그리 달가운 일도 아니다. 그들의 본분은 학업이기 때문이다. 내일을 준비하는 것이 그들의 일과가 되고 사명이 되어야 하기 때문이다.

그들은 새벽 아침밥은 먹는 둥 마는 둥 학교로 간다. 아침 자율학습부터 밤 아홉시 열시까지 공부는 이어진다. 말이 공부지 태반은 잠을 자고 태반은 장난치며 보낸다. 국어, 영어, 수학, 과학, 사회… 반복되는 국어, 영어, 수학, 과학, 사회… 파김치가 된다. 흐리멍덩한 기분이 되기도 한다. 효율적인 학습과는 거리가 멀다. 학습이론이 무슨 소용인가. 오로지 강행군이다. 가끔 회의가 들 때가 있다. 보충수업 야간 자율학습을 모두 없애면 어떨까? 모두 학원으로 몰려갈까? 가난한 집 아이들만 골탕 먹을까? 딜레마에 빠지고 만다.

부모는 일찍 깨워서 학교에 보내고 학교에선 등교시간을 정하고 빽빽한 일정을 준수할 뿐이다. 놀고 싶은 아이들은 핸드폰으로 문자를 날리거나 게임을 한다. 좀 시시하긴 하지만 복도에서 뜀박질을 하며 놀기도 한다. 시시덕거리며 야한 동영상을 보는 아이들도 봤다. 졸리면 그냥 책상에 엎드려 잔다. 쉬는 시간엔 놀아야 하니까 수업시간에 잔다. 어떤 아이는 쉬는 시간엔 괜찮다가 수업만 시작하면 화장실이 가고 싶다. 수업종이 울리면 갑자기 세수도 하고 싶다. 수업이 시작되자마자 손을 번쩍 들어 왜 그러냐고 하면 화장실에 가고 싶단다. 공부가 하기

싫다는 무의식적인 표현이다.

누가 이 거대한 물줄기를 거역할 수 있겠는가. 묵묵히 따라갈 뿐이다. 불만이 있어도 참으며, 터트리지도 못할 폭탄 한 개씩 가슴에 품고 거대한 생존의 대열에서 비켜설 수가 없다. 장엄한 청소년의 대열에서 어떻게 이탈할 수 있겠는가. 그것은 곧 낙오를 의미하기 때문이다. 침묵으로 무저항으로 숙명처럼 받아들여야 한다. 청소년들의 통과의례인 것을.

유학이라는 명목으로 이탈하고도 싶다. 선진국엔 엄두를 못 내고 학비가 몇 배 싼 동남아로 떠날 궁리도 해본다. 후진국이면 어떤가, 외국 유학인데. 영어라도 손쉽게 배우지 않겠는가. 그러지도 못할 바엔 고행하는 수도자처럼 견뎌야 한다. 어떤 의사표시도 포기한 채 묵묵히. 부족한 잠은 수업시간에 때우더라도 등교시간은 지켜야 한다. 선생님이 잔소리를 하건, 깨우건 말건, 어떤 논리로 협박을 하건 졸린데 어쩌라는 말인가. 세상에서 가장 무거운 게 눈꺼풀이라는데 그걸 어떻게 들어올리란 말인가.

아이들은 오히려 태평한데 절망하는 것은 선생님이다. 절망이 아니라 자기모순에서 허우적거리는 것이다. 성적이 나쁘면 학교 이미지가 실추하고 학부모의 책임추궁이 들어오니 내려앉는 눈꺼풀을 억지로라도 들어올리기 위해 목에 핏발이 서도록 고래고래 소리를 질러대야 하는 것이다. 사실 이렇게 볼멘소리를 하는 나도 어떤 대안이 얼른 떠오르지 않는다. 대안 없는 맹목적인 반대는 반대를 위한 반대일 뿐이지 않는가.

그래도 나는 아이들을 철석 같이 믿는다. 아이들이 박사도 되고 사장도 되고 정치가도 될 텐데. 유명한 운동선수도 되고 공무원도 되고 마술사도 될 것을 나는 철두철미 믿는다. 영어 점수가 삼사십 점에 머물더라도 수학 점수가 이삼십 점에 그치더라도 아이들의 잠재력을 믿는다. 교사들이 보지 못하는 가능성을 믿는다. 아무도 발견하지 못하고 발견하려 하지 않는 저들의 숨은 재주를 믿는다. 저 아이들에게 숨겨져 있는 끼를 믿는다. 반드시 언젠가는 발아하여 우리 모두를 놀라게 할 그 신비의 씨앗을 믿어 의심치 않는다.

매일 잠만 자는 아이들 때문에 선생님들이 속이 터지는 걸 나는 안다. 선생님 속이 좀 터지긴 하겠지만 아이들 속이야 어디 편하기만 하겠는가. 선생님들 밥 벌어 먹여주기 위해서 학생들은 꼭두각시가 되어 선생님 하라는 대로 졸린 눈 억지로 뜨고 모르는 내용 아는 척 해가며 하기 싫은 공부 열심히 하는 척 하라는 말인가. "우리더러 억지로 동원된 관객이 되란 말인가요? 우리가 학교제도의 노예란 말인가요?" 미안하다. 얼른 대안이 떠오르지 않는다.

국어, 영어, 수학을 몰라 쩔쩔매는 저 아이들 속에 들어있는 놀라운 생명력을 보아야 한다. 발아할 때를 기다려 숨죽이고 있는 그 가능성의 씨앗을 보아야 한다. 때가 되어 적당한 수분과 온도와 토양만 마련되면 기세 좋게 싹을 틔워 무럭무럭 자라려고 만반의 준비를 하고 있는 저 아름다운 씨앗을 보아야 한다. 목이 마르면 우물을 파게 되어 있다. 저 잠만 자는 아이들에게도 따뜻한 온기를 주어야 한다. 공부 못하는 아이들에게도 햇빛 같은 사랑을 주어야 한다. 반드시 하느님 주신 달란트 싹을 틔워 아름다운 세상 만드는데 당당히 한 몫 할 것이다.

여가 활용

정년이 얼마 남지 않으니 지난 내 교직생활을 돌아보게 된다. 무수한 시행착오를 겪으며 지금까지 온 것이다. 다시 한 번 교직에 들어설 수만 있다면 좀 더 잘 할 수 있을 것 같은 생각이 회한처럼 떠오른다. 최선을 다해 교직에 임해왔다고 생각하지만 돌이켜보면 늘 후회가 남는 것이 인지상정인가 보다.

내가 후배 교사에게 해줄 수 있는 말이 있다면 그것이 무엇일까? 최선을 다하여 교육에 임하라. 국가와 민족이 여러분에게 부여한 사명이고 마땅히 완수해야 할 우리의 책무가 아닌가. 그리고 여가시간을 선용하여 삶을 풍요롭고 윤택하게 가꾸라. 문학공부를 해보던지 그림공부를 해보면 어떨까? 시를 쓰고 수필을 쓰는 것이 국어선생님의 고유 영역은 아니다. 과학 선생님도 체육 선생님도 꾸준하게 연마하면 얼마든지 시인 작가가 되어 향기로운 글을 쓸 수 있다. 국어선생님도 영어선생님도 야생화 연구와 별자리 관찰에 뛰어들 수 있는 것이다.

미술선생님만 그림을 그리고 도자기를 굽는 것은 아니다. 누구나 마음만 먹으면 그림을 그려 화가도 될 수 있고 도예가도 될 수 있다. 음악도 마찬가지다. 음악선생님만 노래를 부르고 악기를 연주하는 것은 아니다. 노력하면 누구나 성악가 못지않게 노래 부를 수 있고 악기를 다룰 수 있다. 그것이 삶을 윤택하게 하고 즐겁게 교직생활을 할 수 있는 한 방편이 되기도 할 것이다.

나는 십여 년 전에 한 달간 미국을 배낭여행 한 일이 있다. 그때 뉴욕 자유의 여신상으로 가는 선상에서 한 선생님을 만났다. 그는 사십 대 중반쯤 되었는데 일 년이면 세 번 방학만 되면 해외배낭여행에 나선다는 것이다. 그는 서울의 한 사립 고등학교 지리 선생님이었다. 나는 지금까지도 그 선생님이 부럽다. 사람들은 대뜸 그럼 그 많은 여행경비는 어떻게 조달할 것인가 하고 반문할 것이다. 나도 얼른 그런 생각이 들었다.

그는 최소의 경비로 최대의 효과를 얻어내는 여행의 비법을 알고 있는 듯했다. 싸게 항공기표를 사는 법, 저렴하게 숙박시설을 이용하는 법을 체득하여 큰 부담이 없다고 한 것 같았다. 궁하면 통한다는 말이 있다. 영어로 '뜻이 있으면 길이 있다' (Where there is a will there is a way.)는 서양 속담과 같은 말일 것이다.

삼십 년 동안 영어 선생을 하면서 나는 왜 그런 여행계획을 세우지 못했는가. 우물 안 개구리처럼 지루하게 교직생활을 해온 것 같기만 하다. 나는 종종 조류보호활동을 하고 싶다는 생각을 했다. 환경파괴로 날로 자연이 훼손되는 시점에 내가 좋아하는 새를 관찰하고 보호하며 여가시간을 보냈으면 좋겠다는 생각을 자주 했다. 결국 한 번도 실천하지 못하고 저만치 정년을 내다보고 있다. 이것도 경제사정 때문인가. 절대 그렇지 않다. 용기가 부족한 것에 불과하다. 조류보호협회로 전화 한 통화면 길은 있었을 것이다.

비단 교직에만 해당되는 것은 아니다. 어떤 직종에 종사하든지 취미활동은 삶을 윤택하게 하는 윤활유가 된다. 노동이라고 하는 것은 아무리 즐겁게 한다고 해도 한계가 있다. 교직도 노동이다. 의무적으로 해야 하는 것에 왜 스트레스가 없겠는가. 날마다 지속되는 반복 작업도 생활의 활력을 빼어가기에 충분하다. 교직도 오래 하다보면 반복 작업일 수 있다. 반복되는 똑같은 일로 골머리를 앓을 수도 있다. 새로운 돌파구가 필요하다.

영어 선생님이라면 영어 교재 하나 만들어볼 수도 있다. 십 년 이십

년 영어교사를 하면서 마음만 먹으면 우리학교 학생들에게 가장 좋은 맞춤형 교재 하나 못 만들란 법 없는 것이다. 그것이 공전의 히트를 쳐 '수학1의 정석' 처럼 수험서의 고전이 된다면 참으로 신나는 일이 아니겠는가.

탁상공론을 펴는 사람들처럼 괜히 후배들에게 넋두리를 늘어놓는 것이 아닌지 모르겠다. 영어교사로 봉직하며 나는 꾸준하게 시와 수필을 써왔다. 자타가 공인하는 전문가 수준이 되지 못 한 것이 아쉽긴 하지만 이 작업이 내 교직생활을 윤택하게 하고 한층 더 즐겁게 한 것만은 사실이다. 이제 정년이 얼마 남지 않았지만 정년 후에 대해서 많이 걱정하지는 않는다. 오히려 집필할 수 있는 시간을 확보할 수 있을 것 같아 기대에 부풀어 있다. 직장은 정년이 있지만 인생에는 정년이 따로 있을 리 없다. 내 개성과 특기를 마음껏 발휘하는 취미활동은 평생 나와 함께하며 삶을 보람 있고 윤택하게 해줄 것이다.

지금은 겨울방학이 막 시작된 시점이다. 선생님들은 지금 어떻게 방학을 보내고 있을까? 많은 분들이 해외여행을 하며 견문을 넓히고 있지 않을까? 각자의 재능을 살려 보려고 각 방면에서 많은 노력을 기울이고 있을 것이다. 유쾌하고 보람 있게 방학을 보내고 신학기 만물이 눈부시게 소생하는 봄, 모두 건강한 몸으로 교육현장에서 다시 만나기를 바란다.

제5부

미국 시인들의 어머니 사랑

미국 시인들의 어머니 사랑

십여 년 전쯤이었다. 미국에 한 달 간 여행할 기회가 있어서 로스앤젤레스를 비롯한 서부에서 2주일, 동부 뉴욕과 캐나다 등지에서 2주일을 지내게 되었다. 하루는 우연히 뉴욕 외곽에 있는 방대한 규모의 아웃렛(Outlet)에 들러 여기저기 산더미처럼 쌓여있는 물건들을 구경하였다. 이곳저곳 윈도우쇼핑을 하다가 발길이 머문 곳이 서적 코너였다. 정가보다 싸게 판다고 하기에 책이나 한두 권 사려고 매장을 둘러보다가 눈에 띈 것이 'Mother, I love you forever' 와 'I Keep Falling in Love with You' 이다.

하나는 어머니에 관한 시만 모아놓은 시집이고 하나는 사랑에 관한 시만 모아놓은 시집으로 둘 다 Susan Polis Schutz라는 시인에 의해서 편집된 것이다. 사랑에 관한 영시는 많이 읽어본 터라 새삼스러운 것이 없다하더라도 어머니에 관한 시를 모아놓은 것은 호기심을 자극하기에 충분했다.

어머니 하면 나는 제일 먼저 우리나라 어머니들이 생각난다. 물론 나의 어머니를 포함해서다. 남존여비와 남아선호사상이 팽배했던 우리나라에서 여성들은 인권을 유린당하기도 하고 자유와 평등이 박탈당하기도 했다. 한(恨)이라고 하는 독특한 정서를 가슴에 품어야했던 쓰라린 역사의 주인공이었다. 이러한 불합리한 역사적 배경 속에서 어머니들은 강인한 모성으로 자식을 낳아 길렀고 그런 어머니들은 자식들의 마음속에 각별한 정서를 잉태시켰다.

그렇게 자식들의 마음속에 깊이 각인된 어머니들의 모성이기에 어머니 하면 제일 먼저 우리의 어머니 한국의 어머니, 아니 나의 어머니가 가슴에 사무치게 된다. 아주 당연하게 그렇게만 생각하던 차에 외국의 한 대형 아웃렛에서 발견한 아담하게 꾸며진 어머니에 관한 시모음집은 내게 깊은 인상을 심어주었다.

여행이 끝나고 귀국하여 나는 찬찬히 시집을 읽어보았다. 시는 언어와 의미를 최대한 압축하기 때문에 동서양을 막론하고 의미전달이 수월하지 않은 경우가 많은데 이 시집의 시집들은 평이하기가 이를 데 없었다. 나는 시집을 읽다가 나중에는 한편한편 번역하기에 이르렀다. 번역을 하면서 우리나라 시인들의 어머니에 대한 시와 미국 시인들의 어머니에 관한 시를 자연스럽게 비교도 해보게 되었다. 그럼 먼저 우리시를 한편 보기로 한다.

어머니

한하운

어머니
나를 낳으실 때
배가 아파서 울으셨다

어머니
나를 낳으신 뒤
아들 됐다고 기뻐하셨다

어머니
병들어 죽으실 때

날 두고 가는 길을 슬퍼하셨다

어머니
흙으로 돌아가신
말이 없는 어머니

이 시는 낳을 때부터 죽은 후에까지도 어머니의 사랑을 놓지 못하는 자식의 어머니에 대한 그리움과, 낳을 때부터 그리고 한 평생 다 살고 저승으로 떠나면서도 자식을 놓지 못하는 어머니의 자식에 대한 눈물겨운 사랑이 드러나 있다. 즉 어머니와 자식 간의 떼려야 뗄 수 없는 영원한 사랑이 나타나 있다. 이것은 우리 민족의 애환과도 관련이 있고 우리나라 여성들의 독특한 정서 '한' 과도 무관하지 않을 것이다. 여성이 차별 받던 사회에서 모성애는 더욱 강렬하게 발휘되었을 것이다.

자식에 대한 사랑과 헌신은 어쩌면 차별과 멸시에 대한 반작용인 측면도 있을지 모른다. 이렇게 자식에 대한 지극한 사랑과 헌신으로 자란 자식들은 그 희생과 사랑의 어머니상을 영원히 가슴에 품게 된다. 가슴속에 담긴 어머니는 바로 한국 시인들의 시에 다름 아닌 것이다. 그럼 미국시인의 시를 한 편 보자.

사랑하는 어머니

디나 베이서

오늘이 어머니의 생일도 아니에요
어머니의 기념일도 아닙니다
어머니날도 아니에요

그냥 평범한 오늘일 뿐이에요

제가 더 이상 돈이 필요해서도 아니에요

해결해야 할 문제가 생긴 것도 아닙니다

"어머니 사랑합니다."

그냥 그렇게 말하고 싶어요

Dear Mother

Beisser

I know it' s not your birthday
or your anniversary
or even Mother' s Day
It' s just an ordinary day
I don' t need any money
and I don' t have a problem
to solve....
I just wanted to say
"I love you."

이 시에도 어머니에 대한 사랑이 잘 나타나 있다. 그렇지만 한 많은 어머니에 대한 자식의 눈물겨운 회한이 서려 있지는 않다. 돈이 필요하면 어머니를 찾았는데 오늘은 그런 것이 아니다. 어려운 문제가 있으면 어머니와 의논하고 힘을 얻곤 했는데 오늘은 그런 것도 아니다. 특별한 날에 '어머니 사랑해요' 라고 말하곤 했지만 오늘은 그런 날도 아니다. 그냥 '어머니 사랑해요' 라고 말하고 싶어졌다는 다분히 사춘기적인 감상이 배어있는 시인 것이다.

여기서 우리가 감지할 수 있는 것은 애틋한 감성이라기보다는 어머니와 자식 간의 객관적이고도 이성적인 관계가 설정되어 있다는 점이다. 이렇게 어머니와 자식 간의 관계가 상당히 객관적이고도 이성적인 기반 위에 설정되었다는 점이 이 시집 대부분의 시에서 감지되는 정서의 특징인 것이다. 그럼 영시 하나를 더 본 다음에 우리 시를 한편 더 보기로 한다.

어머니

쉐일라 디 스트릿트

저에게 문제가 생겼을 때
그것은 곧 우리들의 문제였습니다
제가 어떤 결정을 내리던
어머니는 저를 지지해주셨어요
제가 잘못을 했을 때라도
어머니는 제 편을 들어주셨어요
그 때가 바로 가장 어머니를 필요로 하는 때임을
어머니는 다 알고 계셨지요
저를 철두철미 믿어주셨기 때문에
저도 제 자신을 신뢰할 수 있었습니다
제가 더 이상 어린애가 아닌데도
어머니는 여전히 저의 성장을 돌봐주셨지요
부모님이기 때문만이 아니라
저의 친구도 되어주시기 때문에

저는 항상 어머니를 의지할 수 있습니다

Mother

Sheilah D. Street

Whenever I have a problem, it becomes our problem.
You support me in whatever decisions I make,
and even when I' m wrong, you stand beside me
because you realize that' s when I need you the most.
Your belief in me is so strong that you' ve made me believe in myself
Even though I am no longer a child, you are still helping me to grow.
I can always depend on you,
not just because you' re my parent,
but because you' re also my friend.

이 시에서도 한결같이 객관적 거리를 유지하면서 어머니와의 관계가 설정되어 있다. 문제가 있을 때 함께 해결해주고 내가 잘못을 저질렀을 때도 내 편을 들어주는 어머니, 내가 커서 독립한 후에는 친구처럼 옆에 계시는 어머니를 노래하고 있다. 이 속에서 우리는 어머니의 인고의 세월이나 눈물겨운 희생의 모습을 발견할 수는 없다. 자식에게 전 삶을 바친 신격화된 어머니의 모습은 아닌 것이다. 우리 시를 한 편 더 보자.

어머니날에

서정주

"애기야……."
해 넘어가 길 잃은 애기를
어머니가 부르시면
머언 밤 수풀은 허리 굽혀서
앞으로 다가오며
그 가슴 속 켜지는 불로
애기의 발부리를 지키고

어머니가 두 팔을 벌려
돌아온 애기를 껴안으시면
꽃 뒤에 꽃들
별 뒤에 별들
번개 뒤에 번개들
바다에 밀물 다가오듯
그 품으로 모조리 밀려들어오고

애기야
네가 까뮈의 이방인의 뫼르쏘오같이
어머니의 임종을 내버려 두고
벼락 속에 들어앉아 꿈을 꿀 때에도
네 꿈의 마지막 한 점 홑이불은
영원과, 그리고는 어머니뿐이다.

물론 내가 읽은 미국의 시 모음집이 최고 시인들의 탁월한 시가 아닐지도 모른다. 그런 시를 우리나라의 대표적인 시인들의 시와 비교하는 것이 합당하지 않을 수도 있다. 그러나 어머니에 대한 서양의 시를 접해 보지 않다가 모처럼 구한 수십 편의 어머니 시 모음집을 궁여지책으로 텍스트로 삼았음을 독자는 이해하기 바란다. 이 글이 동서양 시의 학문적 비교가 아니라 단지 미국 시인들의 어머니에 대한 생각의 일단을 살펴본 것에 불과하다는 점도 참작하기 바란다.

위 시는 미당의 시다. 이 시엔 동양적 신비감이 시의 전편에 흐르면서 신화적 상상력이 동원되어 있다. 물론 서양의 시에도 어머니가 신격화되어 있는 시도 있을 것이다. 그러나 텍스트로 삼은 시집에는 한결같이 어머니와 화자가 일정하게 객관적 거리를 유지하고 있다는 특징이 발견된다. 나는 이 시집을 읽으면서 미국의 시인들의 한결같은 어머니 사랑과 미국 어머니들의 지극한 자식 사랑을 볼 수 있었다.

우리는 효라고 하는 단어가 영어에는 없다는 말로 우리의 효 문화를 자랑으로 삼는다. 그러나 자식의 지극한 어머니 사랑, 그것이 바로 효가 아니고 무엇이겠는가. 문화와 관습에 따른 차이는 있을지언정 부모 자식 간 사랑에 있어 어찌 동서양이 다르겠는가. 서양에는 효라는 단어가 없다는 피상적 관찰이 아니라 실질적으로 부모에게 효도할 수 있는 새로운 효 문화의 정착에 관심을 가져야 할 것이다.

시조시인 이영도

내가 청마와 정운에 대해서 관심을 갖기는 오래 전부터다. 1967년 청마가 갑자기 교통사고로 타계하고 그해 청마의 서간집 〈사랑했으므로 행복하였네라〉가 출판되어 그 책을 구해 읽을 무렵부터니까 거의 40년이 된 셈이다.

그 동안 청마에 대해서는 꾸준하게 시집도 읽고 수상록도 읽었지만 정운에 대해서는 우연히 접하게 되는 작품을 더러 읽어보는 정도에 불과했다. 그런데 근래 어떤 계기로 그분들에 대하여 다시 관심을 갖게 되었다.

우선 청마의 시집과 산문집을 도서관에서 빌려와 읽기도 하고 옛날에 읽었던 서간집을 구입해 처음부터 끝까지 다시 읽어보기도 했다. 허만하 시인이 쓴 청마 연구서 〈청마풍경〉도 꼼꼼히 읽었다.

그리고 급기야는 문덕수교수의 두툼한 청마 연구서 〈청마평전〉을 읽는가 하면 이영도 여사의 수필집 〈애정은 기도처럼〉, 박옥금 시조시인이 쓴 이영도 평전 〈내가 아는 이영도 그 달빛 같은〉을 아주 재미있게 읽었다.

그 책을 3분의 1 정도 읽었을 무렵 나는 나도 모르게 감탄사를 내뱉었다. "아! 이영도 어머니 같은" 이었다. 저절로 터져 나온 탄성 같은 것이었다. 이런 탄성이 바로 낭만주의 시인 워즈워드(William Wordsworth)가 말하는 '감정의 자발적 유로' (spontaneous overflow of emotion)바로 그것인지 모른다. 무엇인가 아늑한 기운이 나를 감쌌다. 비로소 이영도라는 시인이 내 마음에 새롭게 자리하는 순간이었다.

나는 이영도 시인을 잘 몰랐다. 우리 시조문단에 정운 이영도가 차지

하는 위상을 알지 못했다. 비로소 그 분의 시조, 그 분의 수필이 감동으로 다가왔다. 책의 저자가 전하는 이영도 여사는 거의 완벽에 가까운 미모와 재주와 인품을 갖춘 분이었다. 좀 더 관심을 갖고 두 분의 작품을 읽어보면 두 분의 놀라운 사랑의 비밀조차도 감지할 수 있을 것 같은 생각이 들었다.

이 평전을 통하여 비교적 많은 것을 알았다. 그 분의 가족사라든지 청마와의 만남, 그리고 청마에 대한 정운의 사랑도 짐작할 수 있었다. 청마의 서간집 〈사랑했으므로 행복하였네라〉엔 청마의 편지만 수록되고 정운의 편지는 없기 때문에 청마에 대한 정운의 태도는 어떠했을까 몹시 궁금했었다.

그러나 이 여사의 편지가 공개되지 않는 한 이 여사의 청마에 대한 사랑의 전모를 알기는 불가능해 보인다. 평전을 쓴 박 시인에 따르면 많은 수필집 어디에도 청마와의 애정에 대한 내용은 없다는 것이다. 단 한 군데에서 완곡하게 표현된 한 구절이 있을 뿐이란다. 그리고 시조 몇 수에 우회적으로 사랑을 표현한 게 고작이라니. 그렇다면 20년 동안 5,000통의 편지를 쓴 청마의 사랑은 일방적이었단 말인가.

그럴 리는 없을 것이다. 일방적인 사랑이 그렇게 오랜 세월 지속될 수는 없는 것이다. 두 분이 타계한 지 오래 된 지금까지도 정운의 편지는 모습을 드러내지 않고 있다. 정운의 편지와 청마의 다른 편지가 아직도 어딘가에 보관되어 있는지 아니면 이미 파기되어 더 이상 세상에 존재하지 않는 것인지 궁금하고 안타까울 뿐이다. 한편으론 세상에 밝혀 세속의 잣대로 입에 오르내리기보다는 영원히 비밀에 묻혀야 그 사랑이 비로소 완성되는 것이라는 생각이 들기도 한다.

청마의 편지 속에서 정운이 청마를 얼마나 사랑했는지 미루어 헤아려볼 수 있는 표현이 여러 군데서 발견되고 있지 않은가. 어쩌면 그것으로 족할지도 모른다. 그러나 정운도 청마에게 많은 편지를 보냈다면 그들의 세계적 사랑의 전모를 공개해 역사에 남겨도 좋을 것이란 아쉬움을 떨쳐버릴 수도 없다. 그들이 문인으로서 훌륭한 작품을 남겼고, 아름다운 사랑으로 많은 독자들을 감동시킨 분들이니 그 정신세계는 연구되어야 할 귀중한 문학적 가치를 지니고 있기 때문이다.

이 평전을 읽으며 정운이 61세가 되던 해 봄 외출에서 돌아와 갑자기 뇌일혈로 쓰러져 돌연사 했다는 내용은 얼마나 안타까웠는지 모른다. 그 후 외손자 하나가 어려서 또 세상을 뜨고 유일한 혈육인 딸 박진아 마저 무슨 병인지조차 모른 채 일찍 세상을 떴다니 사람의 운명 앞에 그저 숙연해질 뿐이다. 저자 박 시인이 정운의 산소를 찾았을 때 벌초도 되어 있지 않은 채 황량하게 방치되어 있었다는 얘기 또한 충격으로 다가왔다.

그토록 훌륭한 시조를 쓰고 수필을 쓰며 아름다운 사랑을 한 분의 뒷얘기가 너무 쓸쓸하여 말문이 막혔다. 정운 시조문학상도 기금부족으로 명맥을 유지하기 어렵게 되었다니 인생만 무상한 게 아니라 사후에 한 위대한 인물이 어떻게 훼손되고 폄하되는지 실례를 보는 것 같아 마음이 아픈 것이다.

청마가 죽고 데굴데굴 구르며 같이 묻히겠다는 여인, 머리를 깎고 절로 들어간 여인, 청마로부터 받은 편지를 공개하고 나서는 여인이 나타났다고 하는 대목에선 잠시 어리둥절했다. 그러나 그것이 그분들의 숭고한 사랑에 흠으로 작용하지는 않을 것이다.

영웅호걸도 다 세상 떠나고 세기적인 사랑을 한 분들도 다 세상 떠나는 것이겠지만 사후에 이런저런 의혹이 제기되어 고인의 명예가 실추되는 것은 안타까운 일이다. 일전에 모교수가 청마의 친일 문제를 들고 나와 소란을 일으킨 일이 있었다. 결국 근거 없는 해프닝으로 끝났지만 우리는 어디까지나 청마와 정운의 작품으로 또 그 분들이 남겨놓은 편지로 그 분들을 연구하고 판단해야지, 근거 없는 주장이나 불확실한 추측으로 평가해서는 안 된다.

정운의 시조와 수필에 나타난 그 정결한 고전적 아름다움은 길이 귀한 문학유산으로 소중히 여겨야 하고 또 청마의 문학도 소중하게 보존해야 한다.

이렇게도 사랑할 수 있다는 고귀한 예를 그 분들은 우리에게 본보기로 보여주었다. 사랑이 세속적으로 흘러 가끔 악취가 나는 경우를 우리는 본다. 그러나 이 지극히 아름다운 정신적 사랑 앞에 우리는 마음이 숙연해질 뿐이다. 혹자는 그들이 정신적인 사랑만 했다는 것에 의혹을 제기할지 모른다.

그러나 이 영도의 평전을 읽고 그 분의 시와 수필을 읽으면 그것이 사실일 거라는 확신이 든다. 그 분의 글 어디에도 세속의 티가 섞여 있는 곳은 한 구석도 없다. 그만큼 인품이 고매하기에 청마로부터 그런 사랑을 이끌어 내고 자신도 청마의 사랑을 고결하게 가꾸어 지녔을 것이다.

정운 생존 당시 많은 젊은 시조시인들이 정운을 '엄마' 라고 불렀다 하니 미루어 그 인품을 짐작케 한다. 사랑! 그 영원한 과제에 또 하나의 질문과 해답을 제시하고 청마와 정운은 역사 속으로 사라졌다. 그러나 그 해답이 또 하나의 의혹을 증폭시켜서는 안 된다. 그 해답이 명쾌한 해답이 되어 〈사랑했으므로 진정 행복하였네라〉가 진정한 사랑의 메시지가 되기를 소망한다.

청마의 친일논란을 보며

요새 청마의 친일 논란을 지켜보며 착잡한 심정을 금할 수 없다. 다른 문인들의 친일 작품을 접하면서 안타까움에 몸 둘 바 몰랐는데 근래 청마의 몇 작품을 둘러싼 논쟁을 지켜보며 그 어느 때보다 더 안타까웠다. 옥에도 티가 있다 하는데 확실하지도 않은 것을 꼭 이렇게 들추어내 많은 독자들의 마음을 혼란스럽고 삭막하게 만들어야 하는 건지?

최근에 일제 말 만주의 한 지방 신문에 게재된 짧은 산문 한 편이 또 이 논쟁을 더욱 가열시키고 있다. 물론 추호도 친일행각, 친일작품을 옹호할 생각은 없다. 영향력 있는 문인들이 민족의 정체성, 조국의 독립과 해방을 위해 모든 역량을 다 동원했어야 하는 것은 아주 당연한 귀결이고 중차대한 책무였다.

그러나 그분들의 친일을 논함에 있어 그들의 문학 모두를 부정하고 나서는 최근 일련의 움직임은 신중을 요하는 일이 아닐 수 없다. 미당의 경우 당시 시대상황을 면밀히 조명하여 깊은 이해와 관용으로 바라보면 민족어의 보고요, 민족정신의 정수요, 아름다운 민족서정이 근간을 이루는 그 분의 작품에 무한한 애정을 보내야 할 당위성도 또 있는 것이다.

우리는 우리 민족이 처한 그 시대상황을 슬퍼해야지 일방적으로 호되게 질책만 하는 것은 그 시인 작가 분을 위해서도 우리 민족 전체를 위해서도 심히 가혹한 일이 아닐 수 없다. 우리 국민 중에 미당의 시를 읽지 않고 그 서정에 가슴 설레며 청소년기를 보내지 않은 분이 몇이나 될 것인가.

그 아름다운 언어에 매혹되어 사랑을 읊고 인생을 설계하며 미래의 꿈을 키워왔던 수많은 국민들이 무차별적으로 몽둥이를 맞는 그 분을 보면서 어떤 생각이 들 것인가. 그분들의 작품을 읽는 것만으로도 불온한 어떤 행위에 가담한 것처럼 죄의식을 느끼고 있을지도 모른다. 그분들의 작품은 이미 내 피에 혼에 스며들어 내 안에서 아름다운 서정의 근간을 이루고 있는데, 그런 것은 아랑곳하지 않고 그분들을 철저하게 매도하여 전면 부인하고 나선다면 그것은 온 국민에게 가혹한 폭력행위를 자행하고 있는 일이 될 것이다.

청마의 경우는 참으로 금시초문이요, 청천벽력과 같이 문제가 대두되었다. 청마의 친일 문제는 이전엔 한 번도 거론 된 적이 없지 않았는가. 청마는 내가 고등학교 다닐 때부터 작품을 접하며 그의 사상과 정서를 온 마음으로 받아들인 흠모하던 시인 중 한 분이다. 그 분의 사랑 얘기에 가슴이 뛰어 밤잠을 이루지 못할 만큼, 우리 민족의 영원한 스승이자 연인, 길이 인구에 회자되어야 할 서정과 사랑의 시인이 아닌가.

조각글 하나 발견했다고 코페르니쿠스적 대 발견을 한 듯 호들갑을 떠는 그 저의는 무엇인가. 그로써 그것이 국민들의 가슴에 상처가 되고 가시지 않는 시퍼런 멍으로 남게 되는 것을 생각이라도 해보았는가. 친일적 요소가 있다고 주장하는 작품을 아무리 눈을 씻고 봐도 나는 어느 한 구절 어느 한 단어가 그렇다는 건지 도무지 알 수가 없다.

인간의 정신은 그 상황에 따라 천태만상으로 변할 소지가 있는 유동적이고 가변적이다. 친일작품이 민족의 문학에서 영원히 소멸되어야 할 중대한 범죄행위요, 민족배반 행위라 할지라도 심리학적 역사적 인류사적 입장에서 작품을 조명할 필요도 있다. 그분들이 왜 그런 작품을 써야만 했는지 그 배경에 대한 연구도 절실하다.

당시 상황에서 국민 대다수가 창씨개명을 하고 내선일체라는 그들의 선동에 저항도 할 수 없는 절박한 상황이었을 것이다. 시인 작가라도 사정은 마찬가지였을 것이다. 어찌 그 상황에서 비켜설 수 있었겠는가. 미당의 자전시집 '팔 할이 바람' 을 보면 그런 시를 쓸 수밖에 없었던 시대 상황이었음을 솔직하게 진술하고 있다. 독립은 실현될 기미조차 없고 내선일체로 민족의 향방이 계속 이어질 것으로 전 국민이 그렇게 믿고 있었다는 것이다.

이런 큰 역사의 물줄기, 억압적인 분위기 아래서 '왜, 당신은 문인으로 조국의 독립과 해방을 위해 목숨을 걸고 치열하게 작품을 쓰지 않았느냐?' 고 총부리를 겨눌 수도 있을 것이다. 그러나 조금만 시선을 달리하면 그것이 얼마나 가혹한 일인지 미루어 짐작할 수도 있다. 그 상황에 직접 처해보지 못한 후손들은 아마 이해할 수 없는 문제이기도 할 것이다.

그런 역사적 상황은 개인에게도 비극이고 민족에게도 비극이었다. 무참하게 처단하여 친일 행위를 철저하게 응징하는 방법도 하나의 해결책일 수 있다. 그러나 시가 어찌 한 가지 틀에서만 존재할 것인가. 무수히 많은 인간사가 다 시적 제재가 되고 소재가 된다면 그분들이 추구하던 진정한 시정신이 친일에 있지 않다는 것을 금세 알 것이다.

그분들의 과오는 과오로써 지적해야 옳겠지만 그들에게 지나치게 혐의를 씌워 아름다운 시 정신을 마구 훼손한다면 그것은 곧 우리 모두의 큰 손실이 되고 비극이 될 것이다. 우리는 역사에 또 다른 과오를 저지르는 일이 될 것이다.

미당의 문학관은 소중하게 관리되어 후손들이 길이 그 시를 접하고 감동해야 할 것이다. 그러나 미당의 친일 작품을 사실 그대로 전시하여 미당의 진정한 면모를 이해하고 시인이 그런 시를 쓸 수밖에 없던 상황을 모두 함께 통탄해야 할 것이다. 청마문학관도, 청마우체국도 소중하게 보존 관리되어야 할 것이다. 청마를 기념하여 개최되는 편지쓰기 대회도 아름다운 행사로 해마다 이어져야 할 것이다. 옛말에 '빈대 잡는다고 초가삼간 다 태운다' 는 말도 있다. 서양 속담에도 '화재가 무서우면 부엌에도 들어가지 말라' 는 말도 있다.

우리가 그분들의 행적을 한번 짚어보고 반성의 계기로 삼는 것은 좋되 그분들과 관련된 모든 행사를 중단하고 철저하게 매도하여 국민들로부터 떼어놓는 것은 우리 자신을 위해서도 한국문학을 위해서도 불행한 일이 될 것이다. 예수는 누구라도 죄 없는 자가 먼저 돌로 치라고 하였다. 예수의 으뜸제자도 예수를 세 번씩이나 배반하지 않았던가. 과오가 과오로 끝나지 않고 또 다른 발전의 계기가 되려면 때로는 따뜻한 시선도 필요하다.

*이 글을 쓸 즈음엔 청마의 친일문제가 한창 불거지던 때였다. 그러나 이 글을 책에 수록할 즈음엔 청마의 친일 문제는 근거 없는 것으로 일단락되었음을 밝혀둔다.

'친일시' 라는 청마의 '首' 를 다시 읽는다

首

柳致環

十二月의 北海 눈도 안 오고
오직 萬物이 苛刻하는 黑龍江 말라빠진 바람에 헐벗은
이 적은 街城 네거리에
匪賊의 머리 두 개 내걸려있나니
그 검푸른 얼굴은 말라 少年같이 적고
반쯤 뜬 눈은 먼 寒天의 模糊히 저물은
朔北의 山河를 바라보고 있도다
너희 죽어 律의 處斷의 어떠함을 알았느뇨
이는 四惡이 아니라
秩序를 保全하려면 人命도 鷄狗와 같을 수 있도다
혹은 너희 삶은
즉시 나의 죽음의 威協을 意味함이었으리니
힘으로서 힘을 除함은
또한 먼 原始에서 이어온 피의 法度로다
내 이 각박한 거리를 가며
다시금 生命의 險烈함과 그 決意를 깨닫노니
끝내 다스릴 수 없는 無賴한 넋이여 暝目하라!
아아 이 不毛한 思辨의 風景위에
하늘이여 恩惠하여 눈이라도 함빡 내리고지고

청마의 친일시라는 '수'를 두 가지 관점에서 다시 읽어보기로 한다. 청마의 시 '전야' '북두성'보다 더 자주 도마 위에 오르는 작품이다. 우선 친일이라고 주장하는 사람의 견해로 이 시를 산문 형식으로 풀어보면 다음과 같이 될 것이다. 비적을 항일운동단체로 보는 견해다.

머리

유치환

12월의 북해도 눈도 안 오고 오직 만물이 가혹한 시각을 견디고 있는 흑룡강 말라빠진 바람이 불어오는 헐벗은 작은 가성 네거리에 대일본제국에 항거하던 항일독립군의 머리 두 개가 내걸려 있나니 그 검고 푸른 얼굴은 말라 어린애의 얼굴처럼 작고, 반쯤 뜬 눈은 먼 차가운 하늘 막막하게 저문 삭막한 북쪽 산하를 바라보고 있다.

너희들은 죽어 위대한 대일본제국의 법에 의해 처단되었다는 그 준엄함이 어떠한지 이제 알았는가. 이는 나라를 다스림에 있어 나쁜 네 가지 일, 즉 논어에서, 가르치지 않고 죽이는 일, 훈계하지 않고 잘못을 꾸중하는 일, 명령을 내리기를 게을리 하다가 후에 서두르는 일, 사람에게 인색하게 구는 일과는 별개로 대 일본제국의 대동아공영권이라는 위대한 질서를 보전하기 위해서는 사람의 목숨 따위 닭이나 개의 목숨과 같은 것이 아니겠느냐.

혹은 너희 항일 단체의 무장 항거를 그대로 묵과하여 살려두는 것은 바로 우리들 선량한 대일본제국의 백성들에게 위협이 된다는

걸 의미하는 것이니 대일본제국의 무력의 힘으로 너희들 항일운동 단체의 힘을 제압하는 것은 또한 먼 원시시대부터 이어져 내려오는 생존의 법칙이 아니겠느냐.

내가 이 각박한 거리를 가며 다시금 생명의 험난하고 맹렬함과 새로운 마음의 다짐을 깨닫기도 하나니 끝내 다스릴 수 없었던 너희 무장 항일집단의 부랑배의 넋이여, 이제 눈을 감아라. 아 아 이 풀 한 포기 나지 않는 생각의 풍경 위에 하늘이여, 은혜를 베풀어 눈이라도 소복이 뿌려주소서.

시의 전개가 우스꽝스럽기 그지없다. 어떤 깊이도 없고 바보 천치 같은 비아냥거림이 있을 뿐이다. 청마의 시를 이렇게 읽는 것은 한국 문학에 대한 치명적인 모독에 불과하다. 다음은 전혀 친일과는 무관한 작품이라고 생각하고 산문 형식으로 풀어보면 다음과 같이 될 것이다.

머리

유치환

12월의 북해도 눈도 안 오고 오직 만물이 가혹한 시간을 견디고 있는 흑룡강 말라빠진 바람이 불어 헐벗은 이 작은 가성 네거리에 도적의 무리 머리 두개가 내 걸려 있으니 그 검고 푸른 얼굴은 말라 어린 아이처럼 작고 반쯤 뜬 눈은 먼 차가운 막막하게 저물어가는 삭막한 북쪽 산하를 바라보고 있다.

너희 죽어서 인간세상의 준엄한 법의 처단함이 어떤 것인지 이제

알았느냐. 이는 나라를 다스림에 있어 나쁜 네 가지 일. 즉 논어에 서, 가르치지 않고 죽이는 일, 훈계하지 않고 잘못을 꾸중하는 일, 명령을 내리기를 게을리 하다가 후에 서두르는 일, 사람에게 인색하게 구는 일과는 별개로 인간사회의 질서를 보전하려면 인명도 닭이나 개의 목숨과 같지 않겠느냐.

혹은 너희 도적들의 삶은 곧 선량한 백성들이 죽을 수도 있는 위협이 되기도 하는 것이다. 인간사회의 질서를 보전하기 위한 정의의 힘으로 무참하게 인간세계의 질서를 짓밟는 무리들을 제압하는 것은 먼 원시에서 부터 이어져 온 생존의 법칙이 아니겠느냐.

내가 이 각박한 거리를 가며 다시금 생명의 험난하고 맹렬함과 새로운 마음의 다짐을 깨닫노니 끝내 다스릴 수 없었던 도적의 무리 부랑자의 넋이여, 이제 눈을 감아라. 아 아 이 풀 한 포기 나지 않는 마음의 풍경 위에 하늘이여, 은혜를 베풀어 눈이라도 소복이 내려주소서.

유치환은 생명파 시인이다. 시인에게는 시인의 시정신이 있다. 그만의 시혼이 있다. 조국의 독립을 위하여 목숨을 걸고 투쟁하는 항일 무장전사들에게 한 시인이 제 정신이 아닌 다음에야 이렇게 철부지 아이처럼 조롱을 퍼부으며 시를 쓸 수 있다고 생각하는가.

이 시는 항일무장단체 일원의 높게 걸린 머리를 보고 조롱하는 것이 아니라 처형 후에 내걸린 도적의 머리를 보고 목숨에 대한 소중함과 안타까움을 읊은 시가 틀림없다. 청마의 시 중에는 한국전쟁 당시 적의 시체를 바라보며 목숨의 안타까움을 노래한 유사한 시상의 시도 있다.

시는 시로 읽어야 한다. 시를 어떤 불온한 전단을 읽듯이, 비밀문서를 해독하듯이 이상한 방향으로 읽어서는 안 된다. 시를 읽는 근본 방법부터 고쳐야 한다. 낳고 자란 조국을 헌신짝처럼 버리고도 모자라, 독립운동을 하다 잡혀 죽어 높게 내걸린 머리를 놓고 아이들이나 천치 바보처럼 비아냥거리는 청마를 상상하다니! 끔찍한 일이다. 유치환 시인이 백치 아다다라도 된단 말인가. 하루 빨리 망상에서 벗어나야 한다.

시는 시로 읽어야 하고 유치환은 유치환으로 읽어야지 백방으로 뛰어 기어코 비적을 무장 항일독립군으로 결론을 내리려는 저의는 시인이라는 한 개인 이전에 문학에 대한 중대한 모독이 될 것이다. 900여 편에 달하는 시 중에 단 한 편도 확실한 친일 성향이 없는 한 훌륭한 시인의 시 정신을 이렇게 무참하게 훼손시켜 어떤 득이 있을 것인가.

역사에 전무후무할 오직 하나인 청마의 작품을 국민들로부터 빼앗아 역사의 음습한 구석으로 밀어 넣어버리려는 저의는 무엇인가. 그것이 애국심에서 비롯되었는가. 아니면 민족의 앞날을 걱정하는 우국충정에서 비롯되었는가.

사람들은 착각을 하기 쉽다. 우리 신앙인은 모두 자기가 순교자의 후손인 줄 알고 있다. 그러나 우리는 모두 신앙을 박해하고 그들의 목숨을 빼앗은 박해자의 후손이기도 한 것을 망각하고 있다. 마귀는 한때는 천사였다 하지 않는가. 자꾸 구호를 외치고 논란을 불러일으켜 국민들의 마음에서 한 위대한 시인을 몰아내면 국민들은 어디서 그 문학의 향기를 다시 접할 것인가.

나는 당신들이 백 번 천 번 친일을 외치고 갖은 수단을 다 동원하여도 청마의 글을 읽을 것이다. 그리고 그윽한 감동에 젖어 삶의 의미를 생각해 볼 것이다. 근 100여 년에 걸쳐 나온 대한민국의 가장 훌륭한 문인들에게 모두 혐의를 씌워 어둑한 골방으로 모두 몰아넣는다면 국민들에게 가혹한 형벌을 가하는 것이 아닌가.

모윤숙의 '렌의 애가' 를 읽으며 사춘기를 보냈던 사람들, 서정주의 '국화 옆에서' 를 연애편지에 삽입했던 사람들, 유치환의 '행복' 을 떠올리며 아련한 그리움에 젖었던 무수한 독자들에게 어떤 절망감을 안겨주려고 자꾸 문제를 침소봉대하여 들고 나오는 것인지 답답하다.

친일이 나쁜 줄은 다 안다. 일본제국주의에 나라를 팔아먹은 매국노들 때문에 우리 백성이 어떤 수모를 당했는지 다 안다. 그러나 그들 친일 인사들도 우리 민족이고 우리 선조다. 그들의 후손도 우리와 함께 살아가야할 같은 동포다. 잘못은 인정하고 반성하고 뉘우쳐야 한다. 그리고 다시는 잘못을 저지르지 않도록 다짐하고 노력해야 한다. 반성하고 뉘우치는 그들에게 지나치게 가혹하게 대하는 것은 또 다른 죄악이며 민족에 대한 또 다른 배반이다.

사람은 얼마나 불완전한 존재인가. 신이 아닌 인간은 모두 죄를 저지를 소지를 안고 있다. 상황에 따라 친일이 아니라 매국행위도 살인행위도 할 수 있는 소지를 우리 모두는 다분히 갖고 있다는 얘기다. 모든 선악의 기준을 친일이냐 아니냐에 맞춰 절대적 기준으로 삼으려 하는 것에 오류는 없는지 한번쯤 살펴보아야 한다.

그리하여 시간이 좀 더 지나면 "아, 그분들이 불행한 시대의 선조들이었구나" 하고 이해와 관용의 눈길로 바라보아야 하는 날도 꼭 와야 하는 것이다. 나는 가끔 나를 저 신앙 박해 시대의 신앙 선조들의 위치에 놓아보는 일이 있다. 만약에 내가 그 시대의 신앙인이었다면 그분들처럼 아름답게 순교할 수 있었을까.

그리고 가끔 나를 일제치하의 문인으로 가정해 보는 때가 있다. 나는 어떤 문인이 되어있을까. 친일을 했을까. 목숨을 걸고 항거했을까. 나는 아무런 결론을 내리지 못하고 전율하고 만다. 그 당시 내가 처한 상황에 따라 나는 얼마든지 친일도 했을 것 같고 또 목숨 걸고 항거도 했을 것 같은 두 가지 상황 설정에 그만 전율하고 마는 것이다.

독립 이후에도 그토록 치열하게 문학을 했던 분들의 숭고한 열정에 애정과 아낌없는 찬사를 보내고 싶은 마음 들기도 하지 않는가. 답답하다. 다시 그분들의 작품에 매료되어 독서삼매에 빠져보고 싶은 마음 간절하다.

시인 청마 유치환의 사랑

우리는 가끔 주변에서 영혼결혼식에 대한 얘기를 듣는다. 결혼을 하지 않고 죽은 미혼의 남녀에게 짝을 맞춰 혼례식을 올려주는 것이다. 다른 종교에서는 이것을 어떻게 생각하는지 모르지만 불가에서는 아주 자연스럽게 받아들이고 스님이 나서서 주선하기도 하는 것으로 알고 있다. 물론 젊어서 죽은 불쌍한 영혼을 위로하고 또 남은 가족들이 자기 자신의 상실감을 달래기 위한 목적도 있을 것이다. 그 깊은 종교적 의미는 차치하고서라도 상식적으로 생각해도 충분한 이유가 있고 상당한 긍정적 효과도 있을 것 같다. 그래 양가의 부모나 가족이 두 청춘남녀가 영혼이나마 행복하게 살기를 기원하고 또 그렇게 살 것으로 확신이라도 한다면 그것은 더할 나위 없이 위로가 되고 마음의 안정을 얻을 수도 있을 것이다.

결혼이란 무엇인가? 성적 욕망을 해소하고 자식을 낳아 가계를 계승하는 것만이 전부인가? 둘이 힘을 합쳐 정서적 안정, 경제적 안정을 도모하는 것이 목적인가? 결혼을 하여 가족 혹은 친인척이라는 공동체를 형성함으로써 안정된 삶의 기반을 닦는 일일 수도 있을 것이다. 그렇다면 결혼 이후에도 계속 사랑에 대한 갈구, 영원에 대한 갈망은 어떻게 설명해야 하는가?

이쯤에서 우리는 죽은 사람만이 아니라 산 사람에게도 영혼의 공명이 존재할 수 있다는 가설을 세울 수 있다. 결혼을 통하여 경제적 안정, 정서적 안정을 이루었다 하더라도 모든 부부가 진정한 마음의 평화를 이루었다고 볼 수는 없다. 오히려 영혼은 고독과 허탈감으로 가득하여 또 다른 사랑과 구원을 갈구할 수도 있다. 그 사랑이 신에 대한 사랑, 예술에 대한 열정일 수도 있지만 다른 이성에 대한 사랑도 될 수 있다. 현세의 모든 것에 만족하는 결혼 생활을 하면서도 또 다른 차원에서 다른 이성에 대한 사랑을 갈망할 수도 있다고 생각한다.

나는 그 가능성을 청마와 정운의 사랑에서 보았다. 청마 유치환은 다 아는 대로 부인이 있고 세 자녀가 있으며 일생동안 높은 도덕률이 요구되는 교육자의 삶을 살았다. 정운 이영도 역시 남편을 잃기는 했어도 명문 가문의 규수로 자녀도 있었다. 사회적으로 명망 있었던 두 사람이 20여 년에 걸쳐 한결같이 애절한 사랑을 나눌 수 있었던 것은 세속의 관점으로는 설명이 되지 않는다. 반드시 영혼의 결합을 전제로 해야 한다. 물론 세속적 의미의 결혼과 영혼의 사랑에 명백한 경계선이 존재하는 것은 아닐 것이다. 그들도 합법적으로 결혼할 여건만 되었다면 얼마든지 결혼을 하고 동시대의 평범한 부부처럼 살 수도 있었을 것이다.

그러나 불행히도 그들은 합법적인 결혼을 할 수 없었고 우리 사회 규범은 그들의 사랑을 쉽게 용납하지 못했을 것이다. 이런 제약으로 20년 세월에 걸쳐 5,000통이 넘는 편지를 쓰면서 그 안타까운 사랑을 할 수밖에 없었을 것이다. 그것은 어쩌면 고난 속에서 자라난 인동초, 절실한 체험에서 우러난 지혜였을 것이다.

그렇다면 이 두 사람의 사랑이 특별하고 독특한 것인가? 가시적인 면에서는 그렇다고 볼 수도 있지만 실상은 우리 모두의 내면엔 그런 사랑의 요소가 잠재해 있다고 본다. 평범한 부부간의 사랑에서 얻을 수 있는 행복 외에 또 다른 차원의 갈구가 있는 것이다. 이 가능성이 두 시인에게서 극명하게 실천되어 나타난 것이다. 그리고 끊임없이 문학의 길로 정진한 결과 그런 사랑의 경지에 닿았다고 볼 수 있다.

그런 사랑을 가능하게 한 것은 결국 언어의 힘이었을 것이다. 언어로서 표현될 수 없었다면 사랑의 관계가 그렇게 오래 지속될 수 없었을 것이다. 필자는 20대 적에 읽었던 청마의 서간집을 30년도 더 지난 근래 다시 구입해 읽었다. 20대 적에는 막연하던 것이 이제는 이해할 수 있을 것 같았다. 청마가 정운에게 편지를 내기 시작한 것이 39세이니 중년에 접어들어 시작된 사랑이 60세 노년에 이르기까지 열정적으로 지속된 데는 세속적 어떤 잣대로도 판단할 수 없는 영혼의 구원을 갈구한 까닭일 게다. 그리고 그 영혼의 구원이라고 하는 것은 언어를 매개로 하지 않고서는 성립이 불가능하다. 결국 그 분들이 모두 작고한 작금에도 그분들의 사랑이 시공을 초월하여 전수될 수 있는 것은 오직 언어로써 그 사랑이 표현되었기 때문이다. 로미오와 줄리엣이 아무리 아름다운 사랑을 했더라도 섹스피어가 그 사랑을 기록하지 않았다면 그 사랑은 존재하지 않는 것과 마찬가지 아닌가.

언어의 힘을 빌리지 않았다면 그들의 사랑도 중도에 소멸되고 육체적 욕망이나 물질에 대한 욕망의 개입으로 중도에 훼손되었을 것이다. 그 훼손, 부패를 막을 수 있었던 것은 바로 언어가 있었기 때문이다. 언어가 그들의 타락을 막고 부패를 방지했기 때문이다. 물론 정운의 신앙과 청마의 신에 대한 성찰에서 비롯된 사랑일 수도 있다. 그러나 청마는 후에 기독교에 대해 반감을 드러냈으니 반드시 신앙을 실천하기 위해 절제된 사랑을 한 것은 아니라고 본다. 그보다는 문학적 감성의 추구에서 비롯된 것으로 보는 것이 옳다.

그렇다면 이런 사랑이 보편적인 것으로 용납될 수 있을까? 장애에 부딪치기는 하더라도 가능한 것으로 보아야 한다. 철저한 비밀이 요구되는 사항이기도 하다. 편견이 개입될 공산이 크기 때문이다. 상당부분 속세와는 무관한 사랑이라 해도 방해받기가 쉽다. 그래서 그것은 신의 개입이 요청되는 것이기도 하다. 신의 관점에서도 타당해야 하기 때문이다. 그렇다면 청마의 사랑은 배우자의 개입으로 왜 무산되거나 파탄을 맞지 않고 유지될 수 있었을까? 그것은 당시 가부장적인 사회제도와 분위기가 청마의 입장을 옹호하는 측면도 있었을 것이다. 무엇보다도 그들의 사랑이 철저하게 비밀을 유지했기 때문이기도 할 것이다.

둘이 연인관계라는 것이야 알았겠지만 은밀하게 오가는 사랑의 내용은 철저하게 비밀로 한 결과일 것이다. 또 이들의 사랑이 세속적인 불륜의 차원에서 이루어진 것이 아니라 보다 근원적인 정신적 사랑에 근접해 있어서 섣불리 개입할 수 없는 엄숙한 측면을 내포하고 있었기 때문이기도 할 것이다. 또 그런 고차원의 정신적인 사랑을 추구하여 당사자에게 흡족한 상황이 전개될 때 세상 속의 부부의 사랑도 한층 탄력을 받아 나름대로 빛을 발하며 정상을 유지했을 것으로 사료된다.

세상엔 천차만별의 사람들이 있고 그 사람들이 연출하는 결혼생활도 가지각색일 것이다. 모든 것이 규격화되고 천편일률적인 것으로 보일지라도 그 내면을 드려다 보면 속사정은 모두 다를 것이다. 엄청나게 다양한 결혼생활의 면모를 각각 갖추고 있을 것이다. 각자 자신들의 틀에 맞는 부부애와 결혼생활로 개성에 어울리는 행복을 창출하려고 노력할 것이다. 남의 틀에 내 경우를 맞추려 하는 것은 어리석다. 우리만의 틀에 맞는 결혼생활이 행복을 보장해주지 않을까.

그러고도 또 다른 차원의 갈망이 있을 때 우리는 승화된 영혼의 사랑을 꿈꿀 수 있을 것이다. 그 사랑은 결국 아름다운 예술을 낳거나 혹은 인류에 대한 보편적 사랑으로 확대될 수도 있을 것이다. 신이 용납하는 사랑이라면 사회의 관습과 규범에도 크게 어긋나지는 않을 것이다. 이 서간집을 다 읽고 난 후 시인에게는 아니 누구에게라도 얼마든지 가능한 사랑이며 청마가 60세에 교통사고로 숨지지 않았다면 그들의 사랑은 칠십 팔십까지 평생 이어졌을 것이라는 확신을 하게 되었다.

신춘문예 소고(小考)

연말연시만 되면 신춘문예 신드롬이 한바탕 기세등등하다가 잠잠해지곤 한다. 곧 없어질 것으로 예상도 해보았는데 여전히 존속되고 있는 신춘문예 제도를 어떻게 생각해야 할까. 행여나 하고 신춘문예 모집공고를 기다리고 작품을 가다듬으며 올해는 반드시 행운의 주인공이 되리라 다짐해보는 것을 연례행사처럼 치루는 문학 지망생도 많을 것이다. 아마 수만 명은 족히 넘을 것이다.

나는 자신하건데 우리 문학사의 명작들이 과연 신춘문예 심사대에 오른다면 당선이 되었을까 가늠해보면 절대로 그렇지 않을 것이라는 결론이다. 해마다 쏟아져 나오는 많은 신춘문예 응모작들은 그 문학성과는 상관없이 한껏 치장하고 미인대회 무대에 오른 미인들이라는 생각이 얼핏 든다. 그런 인공의 미인들에게서 어떻게 본래의 순수한 아름다움을 발견할 수 있단 말인가.

나는 여러 단계의 심사를 거쳐 뽑힌 미인대회의 입상자들보다는 길거리나 버스에서 우연히 마주치는 보통의 선남선녀에게서 진짜 미인을 발견하는 경우가 적지 않다. 신춘문예라는 제도가 존속되려면 문단의 등용문이라는 개념보다는 각 지방의 지역축제에서 인삼 아가씨나 포도 아가씨를 뽑듯이 문학축제에서 당선된 행사의 주인공 정도로 족할 것이다. 상금과 명예를 놓고 한바탕 겨루는 문학축제의 성격이면 모르되 그것이 권위 있는 시인작가의 등용문처럼 인식되는 상황 아래서는 언제까지나 문학 지망생들의 사기를 꺾는 부정적 효과로 작용할 소지가 다분히 있다.

신춘문예라는 그 권위에 현혹되어 정작 개성과 창의성을 마음껏 발휘하지 못하고 심사위원들의 구미에 맞추고 최신 신춘문에 경향을 분석하는 어이없는 일이 벌어질 공산도 크기 때문이다. 독자와는 동떨어져 심사위원 구미에 맞추기 위해 작품을 제작하고 응모하는 사례를 배제할 수 없는 것이다. 예전보다는 그 권위가 못하다 해도 아직도 신춘문예 아니면 안 된다는 강박관념으로 자유롭게 창작활동을 하지 못한다면 신춘문예의 존재의의를 다시 생각해보아야 할 것이다.

나도 한편으론 신춘문예나 유명 문예지에 작품이 당선되는 영광을 꿈꾸기도 했다. 그러나 해마다 연례행사처럼 몸살을 앓으며 매달리지는 않는다. 어쩌다 정성껏 작품을 선정하여 기대에 부풀어 투고를 해놓고 나서 발표만을 기다리다가 발표하는 날 나는 여지없이 무너지고 만다. 그 동안의 노력, 자신만만했던 패기가 한 순간에 무너져 내리는 참 쓸쓸한 일이 되고 만다. 그리고 가장 잘된 작품이라고 스스로 생각했던 그 작품이 다시는 보기도 싫어져 아무렇게나 방치하거나 쓰레기통으로 던져지기도 하는 것이다.

다시 마음을 추스르기엔 또 상당한 시일이 필요하다. 시일이 지나 다시 그 열정과 패기를 회복한다면 다행이지만 혹자는 그냥 자신의 한계를 인식하고 문학에서 손을 떼는 상황이 벌어지기도 할 것이다. 신춘문예는 많은 사람들의 이목을 집중시키는 행사이기는 하지만 문학의 생명이라 할 작가의 개성과 창의성보다는 일정한 규격과 기준을 요구하는 틀에 박힌 공개 행사적 요소가 다분히 있다.

어쩌면 내가 신포도의 원리를 얘기하며 내 재주 없음을 호도하고 있는지도 모른다. 닿을 수 없는 포도를 보며 '저 포도는 따먹어 봤자 실 것이다' 하고 돌아섰다는 이솝우화의 여우 얘기 말이다. 그럴지도 모르겠다. 그러나 수천 편이 넘는 작품 중에 한 편이 선정되는 그 경쟁에 한 번 투신한다는 것이 보통 용기를 가지고 되는 일인가.

한 명을 제외하고 수백 명이 겪을 실망과 좌절을 그냥 모른 체해도 좋단 말인가. 그 화려한 관문을 통과한 사람은 물론 생각이 다를 것이다. 자신들만이 문학을 할 자격이 있고 한국문단에서 활약할 수 있다는 자만과 교만이 은근히 고개를 들 수도 있다.

문단의 그런 현실을 보며 좌절을 겪는 사람이 얼마나 많을 것인가. 어떻게 해서라도 그 관문을 뚫고 나서 자기 문학을 다시 시작하자는 생각이 팽배해지기도 할 것이다. 말하자면 간판 따기 경쟁이 되고 마는 것이다.

신춘문예가 아니라도 마음껏 창의성을 발휘하여 작품 활동을 하고 그 작품이 정당하게 인정받는 문단풍토가 되었으면 좋겠다. 문단과는 상관없이, 명예, 돈과는 무관하게 순수하게 문학을 사랑하는 문학도가 폭넓게 문학저변을 형성하고 있을 때 문학의 발전은 물론 사람들의 삶도 더 윤택해지지 않을까.

톨스토이 명상록

한 재미작가의 블로그를 방문했다가 매우 흥미 있고 유익한 글이 십여 편 원문과 함께 게재되어 있는 것을 보았다. 번역 된 내용도 깊이 있는 철학과 삶의 지혜를 담고 있었지만 영문 역시 간결하고 이해하기 쉬워 호기심과 관심을 끌기에 충분했다. 글 말미엔 러시아계 미국인 Peter Sekirin이 톨스토이 저서에서 발췌 영역한 "Wise Thoughts for Every Day"에서 인용한 것이라는 주석이 붙어 있었다.

나는 바로 인터넷 서점을 방문하여 해외주문을 했다. 열흘 쯤 지나 책이 왔다. 빨간 표지로 산뜻하게 꾸며진 책은 385쪽 분량의 두툼한 책이었지만 포켓용으로 제작되었기 때문에 손 안에 쏙 들어오도록 양장본으로 제작되어 있었다. 나는 곧 이 책에 매료되었다. 몇 해 전 베트남 출신 세계적인 평화운동가 틱 낫한(Thich Nhat hanh)스님의 〈Anger〉를 비롯한 저서 몇 권에 매료되어 반복해서 읽은 후로 또 한 권의 좋은 영문 명상록을 발견한 기쁨에 나는 혼자서 재미삼아 번역작업에 들어갔다.

365일 하루에 한 가지 주제로 펼쳐진 명상은 뭉클한 감동으로 다가왔다. 톨스토이가 내 십대 적에 존경의 대상이었다는 사실은 더욱 호기심을 부채질했다. 하루하루 날짜별로 번역을 하는 동안 이 책의 번역본이 나오면 한국인 독자에게도 호평을 받을 것 같은 생각이 들었다. 그러나 출판보다는 취미삼아 한 권을 통째로 다 번역해보자는 것이 내 의도였다.

하루는 대형 인터넷 서점에 들어가 톨스토이 작품을 전부 검색해보았다. 수백 권의 톨스토이 저작물 가운데 이 책은 없었다. 아직 한국엔 소개되지 않은 책으로 알고 하루 한 쪽, 어느 날은 하루 몇 쪽씩 시간 나는 대로 작업을 해서 내 개인 사이버 서재에 저장해 나갔다.

낮에 학교에서 수업을 하고 방과 후엔 일주일에 3일씩 TESOL(Teaching English to the Speakers of Other Language) 교육을 받으러 다니는 바쁜 일정 속에서도 꾸준하게 작업을 해나갔다. 영어 자체는 용이했으나 거기에 담긴 뜻을 우리말로 표현하는 작업이 쉽지 않았다. 그 와중에 자전거를 타다가 빙판에 미끄러져 다리가 골절되는 큰 사고를 당했다. 생활은 일시에 혼란 속에 빠져들었다. 학교는 장기 결근계를 내고 TESOL 교육은 삽시에 중단되어 1월 중에 예정되어 있는 한 달간의 호주 현지 연수도 포기해야 하는 상황이 되었다.

나는 수술을 하고 병원에 입원한 동안에도 노트북 컴퓨터를 이용하여 수시로 번역을 했다. 하나하나 그 뜻을 음미하는 것이 재미있었다. 거의 작업이 마무리 단계에 왔을 때 솔솔 출판을 고려해 봐야겠다는 생각이 들었다. 참고로 몇 개의 예문을 들어보겠다.

APRIL 1

Faith

It is often said or thought that it is difficult to fulfill the law of god. This is not true. God does not ask you for anything other than to love God and your neighbor, and love is not difficult but joyful.

Religious thinking develops over time. It is a mistake to suppose that past religious thinking is the same as today' s. This is the same as thinking that you can fit into your baby clothes again after you' ve grown up.

True faith does not need great temples, golden ornaments, or music. On the contrary, true faith comes into your heart out of silence and solitude.

Faith does not consist in the things you hesitate to believe in, but in those things you are certain of.

True religion, true faith, makes us sons of God, not His slaves. To know God means to love God, to rely on Him, and to live according to His law.

믿음

신의 법을 실현하기는 어렵다고 한다. 사실이 아니다. 신은 신을 사랑하고 이웃을 사랑하는 것 이상 요구하지 않고, 사랑은 어려운 것이 아니라 즐거운 것이다.

종교적 사고(思考)는 시간이 지남에 따라 발전한다. 과거의 종교적 생각이 오늘날과 똑같을 것으로 생각하는 것은 잘못이다. 그것은 마치 성장한 후에 어렸을 때 옷을 다시 입으려는 것과 같다.

진정한 믿음은 큰 사원, 금장식, 음악이 필요 없다. 반대로 침묵과 고독으로부터 당신 마음에 온다.

믿음은 믿기 망설여지는 것으로 이루어진 것이 아니라 당신이 확신할 수 있는 것으로 이루어져 있다.

진정한 종교, 진정한 믿음은 우리를 신의 노예가 아니라 신의 자녀로 만든다. 신을 안다는 것은 신을 사랑하는 것이고, 신을 의지하는 것이고 신의 계명에 따라 사는 것이다.

위에 든 예문은 4월 1일자의 명상이다. 근래 교회의 대형화와 세속화, 성직자들의 호화생활과 십일조가 사회적 문제로 거론되고 있는 시점에 이 몇 구절의 말은 바람직한 신앙의 문제에 명쾌한 해답을 주기에 충분하다.

이 책은 20여 개의 주제가 달마다 다른 내용으로 전개된다.

7월 1일자 명상에서 톨스토이는 다음과 같이 신앙을 설파하고 있다.

JULY 1

Faith

Don't you know that the source of life is in your body? Why do you look for it elsewhere? When you do this, you are like a man who burns a lamp in daylight.

False religion tells us to deny this life for life eternal. Eternal life already exists; it is a part of this present life. -INDIAN PROVERB

When we find religion, we stop looking for individual purposes and can walk together along the path of life by understanding there is one common law, one origin, and one purpose.

Religion existed before Christianity. It began when people had their first religious aspirations and has existed ever since. Just as there is one big world ocean, there is only one true religion; but we nevertheless think true believers are only the ones who belong to our church. -THEODORE PARKER

믿음

인생의 근원이 당신 몸 안에 있다는 걸 몰랐는가? 왜 다른 데서 그것을 찾는가? 그렇게 하면 대낮에 호롱불을 켜는 사람과 같다.

그릇된 종교는 영원한 생명을 위해 현세를 부정하라고 말한다. 영원한 삶은 존재한다. 그러나 그것은 현재 삶의 한 부분이다 -인도 속담

종교를 찾을 때는 개인적 목표 찾기를 멈추고 공동의 법칙, 하나의 근원, 하나의 목적을 가지고 인생의 길을 따라 다 함께 걸어갈 수 있다.

종교는 기독교 이전에도 있었다. 사람들이 최초의 종교적 영감을 가졌을 때 종교는 시작되었고 그 이후 계속 존재했다. 하나의 큰

세상이라는 바다가 있듯이 단 하나의 진실 된 종교가 있을 뿐이다. 그럼에도 우리는 참된 신자는 우리 교회에 속한 사람들뿐이라는 생각을 갖고 있다 -데오도로 파커

그런가 하면 또 다음과 같이 들려주기도 한다.

JULY 18

Faith

If a person never really thinks about his faith, he will believe that the only true religion is the one he was brought up in. But what if you were born a Muslim, a Buddhist, or a Hindu? Religion does not become true just because you say yours is the only true one.

The most harmful lies are the sophisticated ones, and these are most often lies about religion.

True religion is nothing more than the moral rules and laws that we understand with our intellect and our conscience.

Your faith is established from the inside, not the outside.

Prayer as a formal religious ritual is a mistake. Our true spiritual prayer is the desire of our heart to draw closer to God and to please Him. -IMMANUEL KANT

믿음

자기 믿음을 진지하게 생각해보지 않으면 단 하나 참된 종교는 성장 배경이 된 종교라고 믿게 된다. 그러나 당신이 회교도, 불교도, 힌두교도로 태어났다면 어떨까? 당신 종교만이 유일하게 진실이라고 말한다 해서 사실이 그런 것은 아니다.

가장 해로운 거짓말은 정교한 거짓말인데 종교에서 가장 흔하다.

진실 된 종교는 지성과 양심을 가지고 우리가 이해하는 도덕적 법칙 이상이 아니다.

당신의 믿음은 밖이 아니라 안에서 만들어진다.

형식적인 종교의식으로 행해지는 기도는 잘못이다. 진정한 영혼의 기도는 신에게 가까이 다가가 신을 기쁘게 하기 위한 가슴 속의 열망이다 -임마뉴엘 칸트

어김없이 요 근래 그릇된 신앙, 기적과 기복으로 포장된 신앙, 물질에 오염된 종교를 질타하고 있지 않은가?

출판을 하고 싶다는 생각이 더해갈 무렵 나는 몇 군데 출판사에 샘플 원고를 보내 의사를 타진해 보았다. 그러나 결국 모든 것을 포기해야만 하는 상황이 되었다. 내가 번역작업에 몰두해 있을 때 모출판사가 이 책의 저작권을 획득하여 이미 출판을 했던 것이다. 책을 구입해보니 책의 내용을 상당부분 축소해서 독자의 구미에 맞게 편집해 이미 서점에

납품한 상태였다. 나는 아쉽지만 출판을 포기할 수밖에 없었다. 지금도 나는 종종 원문과 번역문을 다시 읽으며 완벽하게 내용을 다듬고 있다.

작품해설

나만의 작품 찾기, 최일화 수필의 존재의 방식

한상렬 | 문학평론가

1. 들어가는 말-나만의 작품 찾기

"세계는 인간 내적 욕망의 외적 표명에 대하여 철저히 중립적이다. 그러나 예술의 반응은 너무나도 민감하다."라고 데드 올랜드는 그의 《예술가여, 무엇이 두려운가》라는 책에서 말하고 있다. 그렇다. 예술 창작만큼 반응이 절대적인 분야도 없다. 예술작품은 아무리 세계가 주목하지 않고 바라지 않는 작품일지라도 우리가 그 작품에 담은 모든 것과의 완전한 조화 속에 울림을 일으킨다. 그리하여 작품을 들여다보면 열의를 갖고 작업에 임했는가 아닌가가 분명해진다. 진정한 작품은 헤라클레이토스의 언명과 같이 "아무도 똑같은 강을 두 번 건너지 못한다." 에 이르게 된다. 나만의 작품 찾기는 여기서 시작되어야 할 것이다.

그런데, 수필문학은 화자인 '나' 를 중심으로 전개된다는 점에서 언제나 신변, 일상성이라는 취약함에서 자유롭지 못하다. 때문에 나만의 작품 찾기가 그리 용이하지 않다. 문제는 작가가 일상성을 수필의 소재로 취택한다 하더라도 자신만의 시선으로 '나만의 작품' 을 찾으려 한다면, 일단 거기서 작가 정신을 찾을 수 있을 것이다.

이번에 발표되는 최일화의 수필집《봄은 비바람과 함께 흙먼지 날리며 온다》의 작품 세계를 고구考究하기에 앞서 우리가 착목할 부분은 이런 일상성이다. 일상성은 대개 상투적이고 고정관념에 빠지기 쉽다. 하지만 흐르는 물과 같이 한 자리에 머물지 않고 변화의 물결을 타고 있다면 어떠할까.

그는 인간적 욕망이나 사회적 욕구로부터 일정한 거리를 유지하고 있다. 시인으로 문단에 데뷔하였고, 뒤늦게 수필문학에 심취하여 두 번째 수필집을 발표하는 화자의 내적 고백은 그저 단순하고 소박하지만, 사뭇 삶에 연연하는 독자를 청량하게 한다.

그는 시인이면서 수필을 창작하고 있는 작가다. 그보다 앞서 30년이 넘게 교단에 정열을 쏟은 교육자이다. 국문학과에 입학하여 영문학과로 전과轉科하였고, 제약회사를 잠시 다니다 뒤늦게 교직에 임臨해 사립학교와 공립학교를 두루 봉직한 영어교사다. 평생을 그렇게 교단에서 학생을 가르치고 이제 머지않아 그도 정년을 맞이할 것이다. 그러니 그의 관심의 공간이 어디인지를 쉽게 가늠하게 한다. 자연인, 특히 시인으로서의 그의 시선에 교사라는 직업은 일상성이라는 굴레에서 그다지 자유롭지 못하게 할 것이 자명하다. 하지만 이런 고정관념에서 그의 작품을 대하려 한다면 그건 큰 오산이다. 뒤늦게 심취한 수필창작에의 열정은 아마도 그의 문학적 역량의 확대요, 장인丈人정신에 터하고 있을 것이다.

수필문학은 인간의 감정이나 경험을 주로 작가의 주관에 비친 그대로 표현하든, 주관을 다시 객관적 방법에 의하여 그려내든, 개성의 심상에 비친 사실들이 전신의 프리즘을 통하여 나타나는 재창조이다. 여기서 주관이든 객관이든 이는 마치 칼날의 양면과 다를 바 없다. 노자의 '양극의 일치' 와 다름이 없다.

여기서 우리가 간과할 수 없는 것은 문학은 무의미한 것들의 유의미화의 과정이요, 고정관념의 탈피라는 가정이다. 그렇다면 최일화의 수필에서는 과연 어떤 모습을 그려내고 있을까. 그가 수필집《봄은 비바람과 함께 흙먼지 날리며 온다》에서 구현하고 있는 문학적 상상의 체험을 탐색하는 일은 곧 그가 수필을 통해 '나만의 작품 찾기' 의 지름길이 될 것이다.

2. 존재의 방식 찾아가기

인간이 세상을 만나는 방식에는 두 가지가 있다. 하나는 존재의 방식이고, 다른 하나는 소유의 방식이다. 여기 존재의 방식이란 '있는 것을 그냥 있게 놓아두는 무위無爲의 태도' 같은 것이다. 물론 여기서 '그냥 놓아둔다' 고 해서 무심하게 방치하는 것을 뜻하지는 않는다. 오히려 절대적인 관심으로 '그것이 그냥 있도록' 지켜준다는 것을 의미한다. 따라서 존재의 방식으로 세상을 만날 때 최초의 반응은 그래서 경이롭다.

시인이라든가 화가, 어린이들은 이런 방식으로 세상과 만난다. 들길을 걷다가 무심코 눈에 들어오는 길섶에 핀 한 송이 들꽃에서도 탄성을 지르거나 기뻐한다. 그리곤 그 꽃의 아름다움에 넋을 잃고 한동안 우두커니 바라보기도 한다. 꽃이 거기 그저 있다는 이유만으로도 모든 것은 시작된다.

소유의 방식은 세상을 네 가지로 분류한다. 소유주와 소유물로 그리고 소유주는 나와 타자로, 소유물은 나의 소유와 타자의 소유로 나뉘게 된다. 이런 방식에 따르면 세상살이란 이 네 개의 범주가 서로 교차하며 만들어내는 파란만장한 이야기일 것이다.

이제 최일화의 두 번째 수필집에서 만나게 되는 이런 존재 방식의 다양성을 추적하기 위한 단초를 그의 수필집의 전모를 통해 찾아본다. 제1부 〈다시 봄을 기다리며〉에는 일상적인 소재의 〈칼국수 맛〉, 〈버스를 타고 가며〉, 생명과 부활의 이미지를 담은 작품 〈3월〉, 〈봄눈〉, 〈다시 봄을 기다리며〉 등 8편이, 제2부 〈물닭은 어디로 갔을까〉에는 〈노후예감〉, 〈노후설계〉 등 존재의 관조와 〈생명의 향기〉, 〈한낮의 단상〉 등 일상의 사색 8편이 수록되어 있다. 제3부 〈세모만필〉에는 〈천직〉, 〈또 하나의 사랑과 이별, 전근〉 등 이별을 준비해야 할 세모의 감회와 〈목욕탕 단상〉과 같은 일상적 화소의 수필 11편이 함께 포진해 있다. 또 제4부의 〈교육은 예술이다〉에는 〈교육 단상〉, 〈아름다운 십대〉, 〈선생님에게 박수를〉 등 교육과 관련한 작품 12편이, 끝으로 제5부 〈미국 시인들의 어머니 사랑〉에는 〈시조시인 이영도〉, 〈시인 청마 유치환의 사랑〉, 〈톨스토이 명상록〉 등 7편이 시인의 시선으로 바라본 인물들에 포커스를 맞추고 있다.

이렇듯 최일화의 수필집 《봄은 비바람과 함께 흙먼지 날리며 온다》

에는 총 46편의 작품이 존재의 방식의 다양함을 보여준다. 작품 배열상 유사성에 다소의 무리가 없지 않은 점은 편집상의 문제일 것이다. 다만, 제목 선정에 단정적이고 외연적 어휘는 피하는 게 좋을 듯하다. 절미截尾하고, 최일화 그만의 작품 찾기와 존재의 방식을 찾아봄으로써 그의 문학적 상상과 존재방식의 다양성을 추적해 보고자 한다. 여기서는 그가 수필에서의 담론을 통해 존재의 방식과 소유의 방식에 어떤 시선을 접목시키고 있는가가 관건일 것이다.

> 계절은 벌써 봄으로 접어든 지 오래지만 내가 그리던 봄은 아직 그 모습을 드러내지 않고 있다. 아직도 싸늘한 대기 속 여기저기 피어 있는 개나리꽃의 모습이 을씨년스럽기까지 하다. 어디 그것뿐인가. 사상 최악의 황사가 전국을 강타하여 우리는 모두 황사 대비용 마스크를 준비해야 했다. 황사가 극히 작은 미세입자라 웬만한 마스크는 아무런 효과가 없다며 매스컴은 또 호들갑을 떨지 않았던가. 어제 오늘 가슴이 답답하고 자꾸 코가 막혀오는 것은 아마 온종일 들이마신 황사 때문일 것이다.
>
> 기다리던 봄은 지금쯤 어디에 있는 걸까. 계절은 벌써 4월, 어제가 식목일 오늘은 또 한식인데 아직 우리가 고대하던 그 봄은 곁에 와 있지 않다. 사랑에 대한 나의 기대가 환상이었듯이 내가 기다리던 봄은 환상의 봄이 아니었을까. 저 비발디의 봄노래 속에 나오는 부산하고 아기자기하고 생명력 넘치는 봄 그것은 음악속의 봄에 불과한 것인가.
>
> -〈다시 봄을 기다리며〉 에서

'춘래불사춘春來不似春' , 봄이 왔어도 봄을 느끼지 못하는 현상은 이미 전 지구적 재앙이다. 미첼 여사의 예언은 이미 실증되고도 남음이 있다. 지구온난화현상은 각종 질병과 이상기후의 징후를 통해 생명의 위기를 초치하고 있다. 봄이 오기를 기다리는 화자의 마음 안에는 이미 4월이 되었건만 봄이 곁에 와 있지 않다. 어찌 계절로서의 봄뿐이랴. 생명의 봄이 와야 하건만, 화자가 기다리는 환상의 봄, 생명력이 넘치는 봄은 아직도 오지 않는다. 이를 계절의 변화, 시간의 변화로만 해석하겠는가? 시적 이미지에 능란한 화자의 내적 감수성에는 봄을 메타포로 하여 존재의 방식을 우회적으로 술회하고 있다.

움베르토 마투라나Humberto R. Maturana는 생물계에서 일어나는 여러 현상을《인식의 나무》에서 색 그림자 실험으로 설명한 바 있다. 그에 의하면, 똑같은 회색 고리라도 녹색 바탕에 놓이면 흰색 바탕에 놓은 것에 비해 담홍색을 띄는 것처럼 보인다고 하여, 우리가 자연 색을 지각하는 것이 아니라, 임의로 구성한 색체를 지각한다고 주장하였다. 이는 작가 개성의 심상에 비친 재창조일 것이다. 작가가 창조한 세계의 진실이 그러할 때, 그 작품이야말로 문학작품으로서의 의미와 가치를 지니게 될 것이다. 최일화의 존재 방식은 이런 인식에 있지 않나 싶다.

자연과 계절에 대한 화자의 존재 방식은 사뭇 현실비판적인 태도를 견지堅持하는가 하면, '천천히 가기'를 통해 자연과의 교감, 일상에서의 조화의 추구를 통해 자아를 관조하고 성찰하는 수필문학의 본래적 의미에 충실하고 있다. 〈버스를 타고 가며〉가 그러하다.

> 삶의 즐거움은 세련되고 화려한 것에만 있지 않다. 생활의 멋도 최신 첨단 제품 속에만 있는 것이 아니다. 터덜터덜 걸어가는 오후의 햇살 속에도 기쁨은 있고, 시장 모퉁이 쭈그리고 앉아 담소를 나누는 파리한 노점상의 대화에서도 소담스런 행복이 솟아나기도 할 것

이다. 첨단과 최고를 추구하면서도 전통적인 순박한 삶의 모습을 간과해선 안 된다.

느리고 촌스럽고 투박한 생활 모습 속에 우리 자신의 진짜 모습을 볼 수 있지 않겠는가. 바쁘게 사는 틈틈이 저 자연 속으로 나가야겠다. 가서 시냇물에 발을 담그고 물소리 바람소리에 귀를 기울이고 싶다. 느릿느릿 시골길을 걸으며 사람도 다 자연의 일부임을 깨달아보고 싶다. 물질적 풍요 속에 점점 빈곤해지는 우리의 내면에 저 자연의 색체와 소리가 활력을 되찾아 주지 않을까.

-〈버스를 타고 가며〉에서

화자의 삶의 태도는 이제 분명하다. 그는 삶의 즐거움을 세련되고 화려함에서 찾지 아니한다. "시장 모퉁이 쭈그리고 앉아 담소를 나누는 파리한 노점상의 대화에서도 소담스런 행복이 솟아나기도 하고", "느리고 촌스럽고 투박한 생활 모습 속에 우리 자신의 진짜 모습을 볼 수 있지 않겠는가."라고 자문한다. "그래 시냇물에 발을 담그고 물소리 바람소리에 귀를 기울이고 싶다."는 소박한 삶의 태도는 그의 존재 방식의 일면일 것이다. 자연과의 합일을 통해 삶의 진정성을 추구하려는 존재의 태도는 그의 삶의 방식이자, 수필적 삶이라 해도 좋겠다.

이런 창작 태도는 작가나 독자의 정신을 순화시키고 잠든 영혼을 깨우는 진실의 목소리로 들려온다. 이미 루카치는 수필을 일러 "좀처럼 붙잡기 힘든 인간 영혼의 가장 은밀한 곳에 자리 잡은 마음의 미세한 풍경"을 그리는 장르라고 하였다. 그의 언술은 진정한 수필적 글쓰기가 얼마만큼 우리의 감정을 순화시키고 잠든 영혼을 불꽃으로 피워 올리는가를 생각하게 한다.

그래 최일화의 수필을 독파하다보면 작가의 영혼과 만나게 된다. 그

때 우리는 수필적 자아의 고독한 영혼 깊숙한 곳에서 자기 심령과의 속삭임으로 길어 올린 영감에 찬 글을 대하는 기쁨을 감지하게 된다. 비로소 우리는 한 작가의 깊은 사상과 만난다. 소박하여 우회적이고 강렬한 힘을 느끼지는 못할지라도 그의 언어는 이 시대를 살아가는 우리들에게 긍정적인 삶의 존재 방식을 일깨워 준다. 그래 최일화의 수필은 화려하고 능란하지는 못할지라도 우리에게 '안'과 '밖'이라는 이중적 반향에도 불구하고 내면세계의 자아를 여실히 보여주고 있다.

3. 삶의 숨고르기, 관계의 숨고르기

알베레스의 언명과 같이 수필은 "지성을 바탕으로 한 정서적 신비적 이미지"를 형상화한 문학이다. 여기서 중요한 것은 일상을 통한 삶의 통찰로 삶의 재해석을 요구하게 된다. 이 경우 언어를 통한 지성적 사유는 철학을 바탕으로 해석과 통찰이 이루어져야한다는 말이겠다.

철학은 언어와 늘 일정한 긴장관계를 유지한다. 한편으로 언어는 철학적 사유의 기본 조건이라 하겠다. 그러므로 철학은 사물과 경험에 이성의 빛, 언어의 빛이 내리쬘 때 비로소 가능하게 된다. 철학적으로 사유한다는 것은 로고스를 주는, 사물과 경험을 개념적으로 정의하고 추론하고 논의하는 것으로 인간에게서 말하는 행위가 생겨났을 때 철학은 이미 탄생하였을 것이다.

작가 최일화. 그에게는 작가 이전에 교사라는 책무가 딸려 있다. 이러저러한 이유로 좀 늦은 교단의 출발이었지만, 그도 어느새 정년의 언덕을 오르고 있다. 평생 교육에 몸을 담고 있으면서 그는 가톨릭 신앙과 문학을 정신적 무기로 하여 이웃에 봉사하는 삶을 살아왔다. 하지만 흐르는 세월을 어찌 막으랴. 화자의 삶의 통찰은 회억을 통해 인생을 재해석하고 언어를 통해 철학적 사유의 길을 확장한다. 삶의 전환점에서 그의 숨고르기가 시작된다. 여기 삶의 숨고르기는 곧 관계의 숨고르기라고 하겠다.

흔히들 직업엔 귀천이 없다고 한다. 성스럽지 않은 노동은 없을 것이다. 사회가 꼭 필요로 하는 일은 모두 성스럽고 아름답다. 나를 위한 일이기도 하지만 또 이웃을 위한 일이기 때문이다. 중년에 접어들어 어금니가 시큰거려 나는 몹시 고심했었다.

내 인생도 이제 서서히 내리막길을 간다는 생각이 들었다. 이빨마저 고장 나면 내가 좋아하던 음식마저 씹지 못할 것 같았다. 상심한 마음으로 치과엘 갔다. 치과의사는 전문가답게 내 고장 난 어금니를 진찰하고 적절한 치료를 해주었다. 몇 마디 조언도 덧붙였다. 병원 문을 나서며 나는 치과의사가 정말 고맙고 소중한 이웃이라는 걸 새삼 깨달았다.

세상의 모든 직업은 마찬가지일 것이다. 내가 하는 일도 이웃들에게 고맙고 소중한 일이다. 성실하게 이웃에게 봉사해야 한다. 그것은 곧 나를 풍요롭게 하는 길이고 사회에 봉사하고 국가에 충성하는 길이다. 동료들은 아직도 식사중이거나 수업중인가보다. 점심시간은 아직도 넉넉히 남아 있다. 커피 한 잔을 타는데 양란이 옆에서 곱게 웃고 있다.

-〈한낮의 단상〉에서

교사에게 천직이라던 소명도 시대 변화에 따라 변모한다. 특별한 이유가 아니어도 그는 자신이 선택한 자기의 일에 만족해하는 삶을 살아간다. 30년 이상 봉직한 교직에 감사와 함께 자신의 존재 의미를 두는 정체성 찾기는 삶의 숨고르기요, 관계 형성의 숨고르기가 된다. 자신의 공간을 둘러보는 잠시의 여유가 그를 즐겁게 한다. "나의 직장과 직장 동료들에게 감사해야 할 것 같다. 이 직장, 이 사무실이 나를 얼마나 풍요롭게 하는가?" 라는 자각과 성찰은 인격을 중시하는 수필문장의 기본일 것이다.

> 가만히 보니 옛날 젊었을 때와 같이 지나간 한 해에 대한 반성과 다가오는 새해에 대한 다짐 같은 것이 아닌가. 모처럼 나 자신의 재발견이라 할까. 한편 신선하기까지 하다. 곰곰이 심사숙고하여 새해의 다짐을 세워보는 것이 아니라 자연스럽게 어떤 다짐 같은 것이 마음속에 자리 잡고 들어앉는 것이 아닌가. 저절로 들어와 자리하는 새해의 다짐을 마다할 이유가 없다. 그래 오랜만에 모처럼 나는 다시 새해의 다짐을 세워보았다.
>
> 우선 새해에는 욕심을 버리기로 한 것이다. 이런저런 잡다한 욕심에 찌들었음을 부인할 수 없다. 내가 유별나게 욕심을 부리며 살아왔다는 얘기는 아니다. 박봉의 교사로 서민 아파트에 살면서 항상 부족을 느끼며 살아왔을 뿐이다. 새삼 욕심을 부리지 않겠다는 것이 오히려 생소할 뿐이다. 그러나 가만히 드려다 보면 내 마음에도 많은 욕심과 불만으로 가득 차 있음을 부인할 수 없다. 이제 그런 거 떨쳐버리고 마음을 좀 비우겠다는 뜻이다. 안분지족이란 말이 적절할지 모른다.
>
> -〈세모만필歲暮漫筆〉에서

〈세모만필歲暮漫筆〉에서 보듯 한 해를 보내는 마음이 그리 심상치 않다. 묵은해를 버리고 새해를 맞이하는 송구영신送舊迎新은 매양 그렇듯 고정관념의 틀에서 자유로워야 한다. 새롭게 자기를 덜어내고 욕심의 그물에서 자유로워지고 싶은 내적 고백은 자기성찰의 근거요, 관조적 성찰이다. 소박하지만 화자의 목소리에서 화자의 인격을 느끼게 한다. 문文은 인人이요, 인人은 곧 문文이라 했다. 최일화의 수필문장은 결국 인격의 표현이요, 인격의 목소리가 그의 문장이 된다. 적어도 고매한 인격에서 깊은 글이 나오고, 천박한 인격에서는 얕은 글이 나오는 건 말할 나위도 없다. 좋은 수필은 먼저 이런 문장도에 충실해야 한다. 그 뒤에 주제의 의미구현이나 구성의 문제, 문체 등 기타의 요소들을 상정하게 된다.

명예욕, 권력욕에 사로잡힌다면 그것은 행복한 삶을 위해 큰 도움이 되지 못할 것이다. 그 욕심 자체를 무시할 수는 없다. 다만 나와 남을 해칠 만큼, 지나치게 도를 벗어나 추구하는 데에 불건전한 요소가 잠재되어 있는 것이다. 열심히 추구하여 권력과 부를 얻었다면 합당하게 그것을 관리하고 사용하는 것이 조물주의 뜻에 맞는 삶의 방식일 것이다.

그런 건강한 삶 속에 건강한 죽음 또한 깃들게 될 것이다. 죽음은 개인적인 일이기도 하지만, 삶이 그렇듯이 많은 주변 사람들과 공유되어 있다. 삶을 영위할 때 우리는 많은 사람과 관계를 맺으며 살고 있다. 많은 이에게 영향을 주고 많은 이로부터 영향을 받는다. 우리는 행복과 불행을 공유하고 기쁨과 슬픔을 서로 나누며 살고 있다. 우리의 삶을 소중하게 가꾸어야 하고 함부로 할 수 없는 까닭도 여기에 있다.

죽음도 마찬가지다. 창조주가 의도하지 않은 죽음을 택할 때 나를 파괴할 뿐만 아니라 그 여파는 주변으로 번져 많은 이에게 상처와 고통을 안겨주고 원망과 지탄의 대상이 되기도 한다. 본인에겐 물론 주변의 많은 이에게 피해를 주고 해야 할 책임을 다 못한 것이 된다.

-〈생명의 향기〉에서

죽음을 바라보는 화자의 관점은 생명의 향기를 담담하게 서술하고 있나. 관계 형성에서의 건강한 삶과 죽음. "삶을 영위할 때 우리는 많은 사람과 관계를 맺으며 살고 있다. 많은 이에게 영향을 주고받는다. 우리는 행복과 불행을 공유하고 기쁨과 슬픔을 서로 나누며 살고 있다."는 행간에 철학적 삶의 의미와 존재의 문제는 화자 나름의 존재 방식을 보여준다. 다만 여기서 작법상 정서의 사상화, 사상의 정서화가 이루어졌으면 하는 아쉬움이 없지 않다. 수필문학은 정서의 토로 그 자체로 만족할 수 없는 언어미학적인 조직이어야 감동이 배가될 수 있기 때문이다.

4. 예술로서의 교육, 그 가치 추구

한 작가의 작품은 그의 삶을 반영하기 마련이다. 물론 교사도 일상인임에는 틀림이 없다. 그러나 그 경우 작가의 시선은 다분히 협애狹隘하기 쉽다. 교육을 담당하는 교사의 경우, 항용 그 작품의 소재가 제한된다. 이런 경우 언어미학적이기 보다는 설명적, 논설적 성격을 지니기 쉽다. 그의 작품 속에서도 이런 경향은 쉽게 눈에 띤다. 담론의 성격상 교육과 관련한 작품이 상당수이다. 이는 어쩔 수 없는 작가의 배경일 것이다. 더구나 큰 변화 없이 오랜 기간 한 우물에서 안주한 작가의 경우에는 더욱 이런 현상이 두드러지게 마련이다.

그런 경향성에 비추어 창작의 단초가 차별화되고 있다. 교육을 예술로 보는 작가의 시선이 참신하다. 예술가의 '눈' 때문인가. 그는 교육 현장의 담론을 자기 나름으로 재해석하고 의미화 함으로써 문학적 형상화로 나아가고자 하고 있다. 이 점이 그의 수필의 장점이자 여타의 작가, 작품과 대별되는 요인일 것이다. 한마디로 그는 교육을 예술로 승화시키고 있는 작가라 하겠다.

> 아름다움을 추구하는 것이 예술이라고 하더라도 거기엔 반드시 진과 선의 기본골격이 있어야 한다. 이로써 예술의 개념이 명확해졌고 교육이 나아가야할 방향도 설정된 셈이다. 곧 교육은 진선미를 추구하여 그 방향으로 나아가야 한다는 것이다. 그 다음엔 방법상의 문제가 진지하게 대두될 것이다. 교육방법상의 문제는 교육공학의 영역일 것이지만 현장교사에겐 이론보다 더 절실한 문제가 따로 있다.
>
> 인류의 행복과 세상의 평화 증진에 이바지할 인재를 배출하기 위해 현장교사가 힘써야 할 일이 이제 자명해진다. 교사는 우선 각자의 위치에서 각자의 역할에 충실해야 한다. 그럴 때 수십만 명 교육자의 장엄한 오케스트라의 대향연이 교육 현장에서 펼쳐질 것이다. 국민을 감동시키고 국가의 장래가 보장되는 대향연이 될 것이다.
>
> -〈교육은 예술이다〉에서

아름다움을 추구하고자 하는 것은 예술가의 지상목표이다. 그러나 교사에게도 그런 예술적 지각이 필요하다. '진선미'를 추구하고자하는 교육의 목표와 방법은 교사로 하여금 교직에 대한 사명감과 그 안에서 성취감을 갖게 한다. 무엇보다 각자의 위치에서 역할을 다하려는 태도, 그래 그는 교육을 예술로 승화시키려는 태도를 견지하고 있다. 예술로서의 교육이란 얼마나 가치 지향적인 목표인가. 하지만 그러기에는 교육 현장의 현실이 마뜩치 않다. 하여 교사는 갈등 속에서 매양 서성이게 된다. 수필 〈교직 단상〉은 그런 현실을 관조하면서 내적 갈등을 현실부정과 아울러 해결책을 모색하고 있다.

> 교육계는 요즘 많은 갈등을 빚고 있다. 교직의 특성을 국민들이 바로 인식하고 학부모와 교사와 정부가 머리를 맞대고 진지하게 해법을 모색해야 하는데 걸핏하면 피켓을 들고 너도나도 거리로 나서고 있다. 이 첨단 정보화 시대에 힘의 논리라는 게 꼭 그런 것이어야 하는가. 이 모든 현상이 어쩌면 현대 문명과 맞물려 발생하는 것일 수도 있다. 문명의 충돌, 욕구의 충돌일 수도 있다. 이런 대 격돌의 과정을 거쳐 새로운 개편이 이루어 질 수 있을까? 날로 발전할 첨단 정보화 사회에서 교육이 어떻게 전개되어 나갈지 나로서는 얼른 판단이 서지 않는다. 국민 모두의 지혜를 모아 교육의 본질부터 논의의 대상으로 하여 대책을 세워야 한다. 교육계 내부에서도 진지한 모색이 이루어져 진정한 교육발전의 기틀이 마련되어야 한다.
>
> -〈교직단상〉에서

화자의 교육에 대한 단상은 현실교육의 모순을 파헤침과 동시에 시대변화에 민감해야 할 필요성을 역설하고 있다. 이런 현실 교육의 문제점에 대한 탐색은 가치 추구로서의 교육을 예술로 보는 작가의 시선으로 보면 당연한 귀결일 것이다.

5. 나가는 말-표층表層과 심층深層의 아우르기

독자들에게 감동을 주는 훌륭한 작품 속에는 그 작품을 창조해 낸 저자의 남다른 의식이 담겨 있다. 그러므로 오래도록 독자에게 사랑을 받는 명작 속에는 적어도 그 저자의 삶이 농축되어 독자를 흡인함으로써 감동과 정서적 미감에 함몰하게 하는가 하면, 적당한 거리를 두고 저자의 삶을 지각하게 하는 각성과 삶의 길을 제시하기도 한다. 때문에 예술 작품은 정서적 미감과 교훈이라는 두개의 축을 적절히 교합함으로써 그 목적을 달성할 수 있다. 삶과 존재의 문제를 다루는 수필문학에서는 더욱 그러하다.

수필문학은 이야기일 수 없다. 아무리 소재가 평범한 것이라 할지라도 그 안에 내재한 존재의 의미를 해석함으로써 인간이 되어야 할 것이다. 그러기 위해서는 작가의 의지와 우연과의 착종, 이른바 소재의 표층과 심층의 아우르기가 이루어져야 할 것이다.

지금까지 살펴본 최일화의 수필세계는 작가 자신의 '나만의 작품 찾기' 로의 길로 보인다. 한 마디로 그의 수필세계는 존재의 방식을 찾아가는 길이며, 삶의 숨고르기이자 관계의 숨고르기이며, 예술로서의 교육 그 가치추구에 있다 하겠다. 이런 세계의 공통점은 바로 그만의 작품 세계를 형상하는 근간이 되고 있다 하겠다.

다만, 그에게도 문제는 있어 보인다. 앞서의 진술과 같이 한 편의 작품 속에는 적어도 저자의 남다른 의식이 담겨 있어야한다는 점을 그도 간과해서는 안 될 것이며, 소재의 표층과 심층의 아우르기가 이루어졌으면 하는 아쉬움이 없지 않다. 그러나 이런 점은 그로 하여금 앞으로 수필작가로서의 탄탄한 행보를 요구하는 데서 기인할 것이다.

그의 새로운 문학적 행보에 박수를 보내며, 수필문학의 진수에 더욱 함몰하였으면 하는 바람을 갖는다.

THE
END